1. Auflage 1997
Redaktion: Antje Grüner
Art Director: Hartwig Kloevekorn
Fotos: Christian R. Schulz
Herstellung: Peter Karg-Cordes
Lithografie: Kruse Reproduktionen, Vreden
Druck: Neue Stalling, Oldenburg
ISBN 3-932023-01-3

In Zusammenarbeit mit der Teleteam GmbH Quickborn

Alles aus der PFANNE

SNACKS
HAUPTGERICHTE
DESSERTS

Marion Kiesewetter

Meine besten 80 Rezepte

ZABERT
SANDMANN

Live – in Aktion – so wie hier, können Sie mich in der Fernsehserie „Bi uns to Hus" sehen, wenn es im Kapitel „Pfannkuchen und Puffer" heißt: „Wende klar für meine Bestseller."
Der erste Schritt heißt natürlich frisch gebackene Pfannkuchen. Herzhafte und süße Variationen, die Groß und Klein begeistern. Und damit ist die wunderbare Serie der Pfannkuchen noch lange nicht beendet!
Beim Braten und Brutzeln zieht immer ein verführerischer Duft aus der Küche, der einem schnell das Wasser im Munde zusammenlaufen läßt.
Da ist die Pfanne rund um die Uhr im Einsatz: für köstliche Eiergerichte, knusprige Bratkartoffeln oder saftige Steaks.
Als Filmschauspielerin und Musical-Darstellerin führten mich meine Engagements in viele Länder. Dort bin ich so richtig auf den Geschmack gekommen und habe neugierig in fremde Töpfe und Pfannen geschaut.
Meine heimlichen Favoriten waren dabei immer schon schnelle Pfannengerichte. Warum? Ganz einfach: In der Pfanne können Sie feine und deftige, pikante und süße Gerichte zubereiten, die wenig Zeit in Anspruch nehmen.
Alle meine Rezepte sind spielend leicht nachzukochen, mit Zutaten, die Sie in jedem Supermarkt kaufen können - und die garantiert lecker schmecken.
Für Sie habe ich „pfann-tastische" Rezepte gesammelt: Eine gelungene Mischung aus blitzschnell gezauberten kleinen Leckerbissen, delikaten Fleisch- und Fischgerichten, pikanten Pfannkuchen und süßen Nachspeisen. Sie werden überrascht sein, wie schnell Sie mit einer Pfanne, ein paar guten Zutaten und einer leichten Anleitung zur talentierten Allround-Köchin avancieren.
Wie bereits in meinem Buch „Hering & Co." haben auch dieses Mal alle Rezepte phantasievolle Titel, die meine Liebe zu Küste, Nord- und Ostsee und zur Seefahrt widerspiegeln. Freuen Sie sich auf neue amüsante Geschichtchen, die meine kulinarischen Köstlichkeiten ergänzen.

Haben Sie Appetit bekommen? Dann viel Spaß beim Lesen
und natürlich beim Braten und Brutzeln in der Pfanne wünscht Ihnen
Ihre Marion Kiesewetter

WISSENSWERTES
RUND UM DAS GROSSE PFANNENSORTIMENT

Nutzen Sie das „pfann-tastische" Angebot, denn Sie brauchen rund um die Uhr mehr als nur eine Bratpfanne.

MULTI-TALENT PFANNE – Haben Sie schon einmal darüber nachgedacht, wie oft Sie Ihre Bratpfanne auf den Herd setzen und wie viele unterschiedliche Bratvorgänge eine Pfanne aushalten muß?
Ein Steak will scharf gebraten sein, Bratkartoffeln sollen nicht am Pfannenboden ankleben, Eierspeisen mögen's nicht ganz so heiß. Pfannkuchen backen leicht an und lassen sich in einer Pfanne mit hohem Rand schlecht wenden. Sie wollen Fett sparen? Da kommt nur eine Pfanne mit Antihaft-Versiegelung in Frage! Deshalb sollten Sie sich vor einem Neukauf genau überlegen, wofür Sie eine Pfanne am häufigsten benutzen werden.

MATERIALIEN AUF DEM PRÜFSTAND – VORTEILE UND NACHTEILE

Kupfer ist das wärmeleitfähigste Metall. Es nimmt die Wärme schnell auf und gibt sie schnell wieder ab. Besonders gut zum scharfen Anbraten. Weil Kupfer säureempfindlich ist, werden die Pfannen innen mit Edelstahl, Zinn oder Nickel beschichtet. Gute Kupferpfannen sind sehr teuer, deshalb Hände weg von billigen. Sie taugen nichts. Kupfer braucht Intensivpflege: es läuft an.
Aluminium ist als Leichtmetall ebenfalls sehr leitfähig. Vorteilhaft ist eine Antihaft-Versiegelung.
Gußeisen ist ein schlechter Wärmeleiter. Braucht sehr lange, bis es richtig heiß ist, hält dann aber die Hitze gut. Beliebt als Steakpfanne, gut für langsames Schmoren.

Immer griffbereit – die Pfanne

Nichts für empfindliches Bratgut (Eierspeisen, Fisch, Pfannkuchen). Emailliertes Gußeisen ist pflegeleicht. Reines Gußeisen rostet schnell und muß nach jedem Gebrauch leicht eingeölt werden. Gußeisen ist sehr schwer, große Pfannen sind daher mit Inhalt kaum mehr zu handhaben.
Edelstahl ist ein schlechter Wärmeleiter. Pfannen aus diesem Material müssen mit einem Wärmespeicherboden aus Kupfer oder Aluminium ausgerüstet sein, dem sogenannten Sandwich- oder Kompensboden. Das macht sie vielseitig einsetzbar. Edelstahlpfannen bieten eine Menge Vorteile: praktisch unbegrenzt haltbar, geruchs- und geschmacksneutral, stoß- und schlagfest, spülmaschinengeeignet. Ein kleiner Schönheitsfehler: empfindlich gegen kratzende Reiniger.
Eisen leitet die Wärme gut und ist relativ leicht. Wird von Profiköchen geschätzt. Muß aber auch nach jedem Gebrauch eingeölt werden.
Stahl-Email hat eine leichte Hitzeregulierung. Schüttrand sollte aus Edelstahl sein, ansonsten Rostgefahr.

HOCHAKTUELL – ANTIHAFT-VERSIEGELUNG

Mit teflonbeschichteten Pfannen war der Durchbruch geschaffen – Pfannen, in denen nichts anbackt, in denen das Braten ohne Fett möglich wurde. Eine ständige Weiterentwicklung favorisiert heute die SilverStone-Antihaft-Versiegelung. Diese Pfannen sind Spezialisten für Eier- und Kartoffelspeisen, Fisch sowie Paniertes. In versiegelten Pfannen nur Kunststoff- oder Holzwerkzeuge benutzen, auf keinen Fall darin schneiden. Eine „Verletzung" der Versiegelung ist zwar nicht gesundheitsschädlich, beeinträchtigt aber die Antihaft-Eigenschaft. Eine ideale Kombination ist Aluminium-Guß mit SilverStone-Antihaft-Versiegelung!

DIE STÄRKSTE SEITE DER PFANNE – DER BODEN

Achten Sie beim Pfannenkauf auf einen dicken, geschliffenen Boden. Mindestbodenstärke für Email, Kupfer und Guß 3 mm, für Edelstahl und Aluminium 4 mm. Der Boden muß für den Gebrauch auf Elektrokochplatten und Glaskeramik eine leichte Innenwölbung (ca. 1 mm) haben, um sich bei Erwärmung ausdehnen zu können. Er liegt dann plan auf der Kochfläche auf. Das garantiert eine optimale Hitzeübertragung. Ein weiterer Vorteil: Nach dem Anbraten schalten Sie auf mittlere Temperatur herunter, der Pfannenboden hat dann genügend Wärme gespeichert. Das spart Energie. Vitamine und andere Inhaltstoffe des Bratgutes werden geschont.

EINE HEISSE ANGELEGENHEIT – DER STIEL

Pfannenstiele mit guter Isoliereigenschaft ermöglichen das Hantieren ohne Topflappen. Material: Holz, Kunststoff oder Edelstahl. Neue Pfannen mit Holz- oder Kunststoffstiel vertragen Backofenhitze bis 180 Grad.

HILFREICHE SPEZIALISTEN

Fischbratpfannen sind oval oder rechteckig und fast immer mit Antihaft-Versiegelung ausgerüstet. In ihnen ist genügend Platz zum Braten ganzer Fische.
Crêpes-Pfannen haben einen sehr flachen Rand. Der Vorteil: Sie können zum Wenden leicht einen Pfannenwender unter die Crêpes schieben. Sie können aber auch ganz normale Eierpfannkuchen darin backen. Empfehlenswertes Material: Aluminium-Guß mit Antihaft-Versiegelung.
Flambierpfannen werden in der Gastronomie eingesetzt, wenn am Tisch auf einem Rechaud flambiert wird. Sie sind aus edlem Kupfer. Auf dem heimischen Herd können Sie dafür auch eine Edelstahlpfanne nehmen.
Flügelpfannen haben eine Unterteilung, um gleichzeitig Fisch oder Fleisch, Kartoffeln oder Gemüse zuzubereiten. Etwas problematisch wegen unterschiedlicher Gartemperaturen.

Pfannen sollten Sie nur im Fachhandel kaufen, wo Sie geschultes Personal berät. Nur so greifen Sie aus dem Pfannenstapel zur richtigen.

BERNDES

Hersteller von hochwertigem Koch- und Bratgeschirr weltweit.

Seit 1921 ist die Firma BERNDES in 3. Generation im Familienbesitz. Nach wie vor steht der hohe Qualitätsanspruch im Mittelpunkt der Unternehmensphilosophie. Wenn's um Pfannen geht, ist hier der kompetente Fachmann, Herr Martin Kaicher, gefragt:

Sind schwere Pfannen besonders gut?
Nein. Schwere Gußeisenpfannen sind auch schwer zu handhaben, außerdem nicht für alles geeignet. Als Allzweckpfanne ist z. B. eine qualitativ hochwertige Pfanne aus antihaft-versiegeltem Aluminium-Guß viel praktischer. Der beste Beweis dafür, daß eine hervorragende Pfanne nicht schwer sein muß.

Erfüllen Billigangebote nicht auch ihren Zweck?
Qualität und Funktionssicherheit haben hier ihren Preis. Die Stärke einer Pfanne liegt unter anderem im Pfannenboden. Billigangebote können bei der Wärmespeicherung nicht mithalten.

Sind versiegelte Pfannen gesundheitsschädlich?
Dieser immer wieder aufkommende Verdacht ist unbegründet. Bei einem normalen Bratvorgang werden keine Temperaturen über 200 Grad erreicht. Erst bei Temperaturen weit über 300 Grad kann es zu eventuellen Verflüchtigungen kommen, die aber in so geringer Menge auftreten, daß sie für den Organismus absolut unschädlich sind.

Was heißt eine Pfanne „einbrennen"?
Vor dem ersten Gebrauch Edelstahl- oder Gußeisenpfannen etwa $^1/_2$ cm hoch mit Öl füllen. So lange erhitzen, bis es raucht. Fett abkühlen lassen. Dann weggießen. Versiegelte Pfannen nur mit einigen Tropfen Öl ausreiben. Nicht einbrennen!

Seesack Nr. 1 voller Tips & Tricks

Auf das richtige Fett kommt's an
Prinzipiell gilt: Zum Braten nur hocherhitzbares Fett wie Pflanzenöl, Kokosfett, Margarine oder Butterschmalz verwenden. Butter ist zum Braten weniger geeignet, da sie bei hoher Temperatur verbrennt. Nur für empfindliches Bratgut nehmen, das bei mäßiger Hitze gegart wird: z.B. für Crêpes, zarten Fisch oder dünne Schnitzel von Kalb und Schwein. Empfehlenswert ist auch eine Mischung aus Öl und Butter. Erst das Öl erhitzen, Temperatur herunterschalten und dann die Butter zufügen.

Wertvoll: Der Bratensatz
Beim Anbraten entstehen Röst- und Aromastoffe, die die Basis für eine delikate, konzentrierte Sauce geben. Bratensatz mit Brühe, Wein oder Sahne ablöschen und etwas einkochen. Dann ist ein Andicken nicht mehr nötig.

Bratkartoffeln brauchen Fett
Zum Braten von Bratkartoffeln gehört auch in eine versiegelte Pfanne Fett, da beim Braten ohne eine Portion Fett Bitterstoffe freigesetzt werden.

Steaks auf den Punkt gebraten
Wie Sie Ihr Steak (200 g) gebraten haben möchten, ist Geschmackssache.
Medium (innen rosa):
pro Seite 3-4 Minuten

Saignant (innen blutig):
pro Seite ca. 2 Minuten

Well done (durchgebraten):
pro Seite ca. 5 Minuten

Kalb- und Schweinefleisch schön saftig
Anders als Rindfleisch vertragen diese beiden Fleischsorten kein scharfes Anbraten. Dabei trocknen sie aus. Bei mittlerer Hitze und langsamem Braten bleiben sie schön saftig und zart.

Der Profi-Trick: Statt Fleisch und Fisch Gemüse in der Grillpfanne braten.

NATÜRLICHER
GESCHMACK – GENUSS OHNE REUE

DIE GRILLPFANNE – wer sich ausgewogen und gesund ernährt, möchte dennoch auf Geschmack und Genuß nicht verzichten. Bei der Zubereitung von Speisen in der Grillpfanne können Sie allerdings auf eins verzichten – aufs Bratfett.
Und genau das ist es, was wir wollen, Kalorien einsparen, ohne daß es uns bewußt wird. Kochen soll Spaß machen! Der Eigengeschmack der Speise steht im Vordergrund! Essen soll Vergnügen sein! Die Zubereitung soll möglichst schnell und unkompliziert gehen!
Eine Grillpfanne wird all diesen Wünschen gerecht. Grillpfannen sind eckig und haben einen gerippten Pfannenboden. Eine qualitativ hochwertige Pfanne garantiert auch hier ein optimales Bratergebnis.
Wichtig: Die Pfanne muß richtig heiß sein, bevor Sie das Bratgut einlegen.
Für alle Fans von Kurzgebratenem ist die Grillpfanne das richtige Handwerkszeug. Steaks und Koteletts von Fleisch und Fisch gelingen darin bestens. Selbst mageres Fleisch und magerer Fisch enthalten immer noch genug eigenes Fett, so daß Sie aufs Bratfett verzichten können. Wer möchte, pinselt die Pfanne ganz dünn mit Öl aus. Bratgut erst wenden, wenn die Unterseite eine schöne braune Kruste hat. Erst dann sind die Poren geschlossen.
Ein besonderes Geschmackserlebnis ist gegrilltes Gemüse (z.B. Paprika, grüner Spargel, Möhren- und Kohlrabischeiben). Empfehlenswert ist es, dafür die Grillpfanne dünn mit Öl auszupinseln.

PFANNENRÜHREN IN ASIENS WUNDERPFANNE

DER WOK – unsere gute alte Bratpfanne hat Konkurrenz bekommen! Seit Asien-Restaurants „in" sind, chinesische Garküchen wie Pilze aus dem Boden schießen und Fernost-Reisen immer beliebter werden, ist Wok bei uns kein Fremdwort mehr.

Das Garprinzip ist denkbar einfach: Die halbrund geformte Eisenpfanne wird auf eine Feuerstelle mit einer kreisrund ausgesparten Öffnung gestellt. Die Hitze ist dementsprechend am Pfannenboden besonders hoch, während der Pfannenrand weniger heiß wird. Da sich der Wok nach unten hin verjüngt, ist zum Braten ein Schuß Öl ausreichend. Auch hier gilt: Zuerst den Wok trocken erhitzen, dann das Fett hineingeben. Das Gargut berührt zuerst den heißen Boden, die Poren schließen sich schnell. Durch ständiges Rühren – als Pfannenrühren bezeichnet – wird es an den weniger heißen Rändern hochgewirbelt und gart sanft nach. Deshalb müssen alle Zutaten in der richtigen Reihenfolge gegart werden:

Im allgemeinen beginnt man mit Fleisch, dann folgt grobfaseriges Gemüse wie Möhren, grüner Spargel und Kohl, zum Schluß empfindliches Gemüse wie Spinat, Sprossen und Zuckerschoten.

Einen Original-Wok mit gewölbtem Boden können Sie mit einem Spezialring für Gas verwenden. In Asiengeschäften gibt's Eisen-Woks mit flachem Boden, die allerdings für Elektro-Herde nicht so geeignet sind. Für Elektro-Herde sind Woks aus Edelstahl und Gußeisen mit abgeflachtem Boden richtig.

Vorteile der Asienküche: Schnelle, vitamin- und nährstoffschonende Zubereitung. Viel Gemüse. Es behält Farbe, Aroma und „Biß". Wenig Fleisch und Fett.

Seesack Nr. 2 voller Tips & Tricks

Pfannen vorheizen
Pfannen und Wok ohne Fett erhitzen. Erst wenn beides richtig heiß ist, das Fett hineingeben. Es hat in Sekundenschnelle die richtige Temperatur zum Braten. Fleisch, Fisch und Gemüse verlieren so weniger Aromastoffe.

Pfannenrühren – portionsweise
Der Wok ist nicht dafür geeignet, größere Mengen auf einmal zu braten. Machen Sie's am besten wie die Profis in Asien: Jede Portion getrennt zubereiten. Nur so bleibt der typische Eigengeschmack der Zutaten erhalten. Und nur so bleibt Fleisch zart, Fisch saftig und Gemüse bißfest.

Auf die Größe kommt es an
Entscheiden Sie sich beim Neukauf eines Woks lieber für eine Nummer größer. Ein Wok, in dem Sie nur eine Portion zubereiten können, sollte einen Durchmesser von etwa 30 cm haben.

Auf die Schippe genommen
Zum Pfannenrühren im Wok gibt es eine spezielle Schaufel mit leicht abgerundeter Kante, mit der sich alle Zutaten einfach „herumwirbeln" lassen. Praktisch ist auch eine flache Kelle. Beide Geräte passen sich ideal der gewölbten Wok-Form an.

Vorbereitung ist das A und O
Beim Braten im Wok muß alles ruckzuck gehen, deshalb alle Zutaten fix und fertig vorbereiten. Fleisch, Fisch und Gemüse muß klein geschnitten sein. Die Würzzutaten sollten griffbereit stehen. Während des Bratvorgangs ist keine Zeit zum Suchen, da die Zutaten entsprechend ihren Garzeiten nacheinander in den Wok gegeben werden müssen und minutenlang ständiges Pfannenrühren erforderlich ist. Nur so bleibt Gemüse „al dente".

Seesack Nr. 3 voller Tips & Tricks

Ungetrübtes Bratvergnügen
Wer Aroma und Geschmack von Olivenöl schätzt, kann es auch ohne Bedenken zum Braten verwenden: für südländische Gerichte mit Fisch, Gemüse und natürlich für Paella.

Vertragen Hitze: Mittelmeerkräuter
Rosmarin, Thymian, Salbei und Oregano brauchen Hitze, damit sie ihr Aroma voll entfalten können. Ideal zum Mitbraten von Steak, Fisch, Bratreis und Nudeln.

Eine Prise Safran
Safran hat ein streng bittersüßes Aroma und ist so geschmacksintensiv, daß zum Würzen eine Messerspitze ausreicht. In etwas heißem Wasser auflösen und der Speise zufügen. Garantiert echt sind immer Safranfäden. Wenn aber auf Märkten gemahlener Safran lose und billig wie Pfeffer angeboten wird, können Sie davon ausgehen, daß es sich bei dem Pulver nicht um reinrassigen Safran handelt.

Eisen-Pflege
Original Paella-Pfannen und Woks aus Eisen müssen nach jedem Gebrauch leicht eingeölt werden, damit sie nicht rosten. Flecken durch Säureeinwirkung lassen sich nicht wegpolieren.

Schutzmantel: Panade
Eine Panade schützt vor dem Austrocknen. Ideal für dünne Schnitzel aus Kalb- und Schweinefleisch und für Fisch. Zum Braten bei mittlerer Hitze ist Butterschmalz gut geeignet. Wichtig ist eine mittlere Temperatur: Ist das Fett zu heiß, verbrennt die Panade zu schnell, das Bratgut ist aber noch nicht gar. Ist das Fett zu kalt, saugt sich die Panade mit Fett voll und ist nicht mehr schön knusprig.

Eine Handvoll Reis, Safran und Olivenöl sind nur die Basis einer köstlichen Paella.

SPANISCHE NATIONALGRÖSSE

DIE PAELLA-PFANNE – die ersten Mallorca-Urlauber hatten sie als Souvenir im Koffer, die Paella-Pfanne! Und ein tolles Rezept gleich mit dazu.
Ursprünglich stammt die Paella aus der Provinz Valencia, also vom Festland. Sie ist mittlerweile zum Nationalgericht geworden, das auch bei uns in einem Atemzug mit spanischer Küche genannt wird.
Paella kennt jeder!
Am Wochenende kommt in spanischen Familien die Paella-Pfanne auf den Tisch. Für dieses Gericht muß man sich einfach Zeit nehmen. Neben Reis, Olivenöl und Safran gesellen sich eine Vielzahl anderer Zutaten wie Fleisch (Huhn, Kaninchen, Schwein), Fisch, Muscheln, Gambas, Erbsen, Paprika und, und ... dazu. Das alles will eingekauft und sorgfältig vorbereitet und gekocht sein. Damit sind alle Familienmitglieder in der Küche einige Stunden ganz schön beschäftigt.
Die besondere Zutat: Vorfreude auf eine köstlich duftende Paella. Und da schwört jede Familie auf ihr eigenes „Haus-Rezept".
Bei großen Festessen, die im Freien stattfinden, steht die Paella-Pfanne im Mittelpunkt. Die Pfanne der Superlative hat dann eine Durchnittsgröße von einem Meter und mehr. Sie wird aufs offene Feuer gestellt. Zu Hause bereiten Sie eine Paella am besten im Backofen mit gleichmäßiger Hitze zu und nicht auf dem Herd.
Die Kunst des Paella-Kochens liegt darin, die Zutaten zum richtigen Zeitpunkt hinzufügen: Fleisch soll gar, der Fisch schön saftig sein, Gemüse soll Biß haben und der Reis körnig sein.
Original-Paella wird mit spanischem Rundkornreis zubereitet, ersatzweise können Sie auch italienischen Aborio oder Vialone verwenden.

„SÜSSER" AUSSENSEITER
UNTER DEN PFANNEN

DIE FÖRTCHEN-PFANNE – wir haben sie schon manchmal auf Flohmärkten gesehen, als Schmuckstück an der Wand einer gemütlich eingerichteten alten Bauernkate oder bei der Großmutter im Küchenschrank und konnten uns keinen Reim darauf machen. Gemeint ist eine Förtchen-Pfanne mit sieben Vertiefungen, in der süße Krapfen gebacken werden.

Norddeutsche Küstenbesucher sind vielleicht schon einmal in den Genuß von Futtjen gekommen, wie sie auf plattdeutsch heißen. Und wer in Dänemark æbleskiver (Apfelkrapfen) bestellt, wundert sich, daß sich keine Äpfel darin verstecken. Es gibt sie mit Pflaumenmus gefüllt – oder ungefüllt, dann reicht man Marmelade extra dazu.

Traditionell gehören æbleskiver in Dänemark zum Silvesterabend. Sie werden zusammen mit Punsch um Mitternacht verzehrt.

Ursprünglich wurde die Förtchen-Pfanne aufs offene Feuer gesetzt. Deshalb spielte es keine Rolle, daß sie keinen flachen Pfannenboden hatte. Für unsere „modernen" Elektro- und Gasherde sind Förtchen-Pfannen mit einem planen Boden ausgerüstet und antihaft-versiegelt .

Da es sich bei Förtchen mehr um Gebäck als um Pfannkuchen handelt, sollte der Teig entweder durch Hefe oder Eischnee gelockert werden.

Und so wird's gemacht: Etwas Fett in den Vertiefungen erhitzen. Vertiefungen mit Teig füllen und die Unterseite goldbraun backen. Förtchen mit Schwung wenden und zu Ende backen.

Nur in einer speziellen Förtchen-Pfanne gelingen goldbraun gebackene Teigbällchen aus lockerem Hefeteig.

Seesack Nr. 4 voller Tips & Tricks

Innen saftig – außen knusprig
Zum Panieren Bratgut erst in Mehl, dann in verschlagenem Ei und zuletzt in Semmelbröseln wenden. Wer nussigen Knusperbiß liebt, paniert mit gehackten Nüssen oder Kokosraspeln. Empfehlenswert ist es, die Nüsse mit Semmelbröseln zu mischen, da sonst der Geschmack zu intensiv ist und die Panade das Bratgut wie ein hartes „Brett" umgibt.

Maßeinheit – Kelle
Pfannkuchenteig mit einer Kelle in die Pfanne geben.
Ideal, wenn die Kelle genau die Teigmenge faßt, die für einen Pfannkuchen bei entsprechender Pfannengröße benötigt wird.

Omelett oder Schaumomelett?
Beide werden nur aus Eiern gemacht, ohne Mehl und Milch.
Für ein Omelett die Eier mit einer Gabel verschlagen, in die Pfanne gießen und zugedeckt stocken lassen. Für ein Schaumomelett Eiweiß steif schlagen. Eigelb verquirlen und darunterziehen.
In eine Pfanne geben, glattstreichen und zugedeckt stocken lassen.

Das macht Pfannkuchenteig schön locker
Eischnee macht aus dickeren Eierkuchen lockere „Puffer".
Eischnee kurz vor dem Backen mit einem Schneebesen unter den Teig heben. Nicht rühren!
Die Luftbläschen im Eischnee dehnen sich beim Erhitzen aus und treiben den Teig in die Höhe.
Kohlensäurehaltiges Mineralwasser macht Teig luftiger. Ebenso *Alkohol* (Rum, Weinbrand, Kirschwasser).
Er gibt süßen Pfannkuchen zusätzliches Aroma. Beim Backen verdampft der Alkohol und lockert den Teig. *Hefe* und *Backpulver* geben schweren Teigen mit Vollkornmehl die nötige Triebkraft.
Bestes Beispiel: Buchweizenpfannkuchen werden mit Hefe angerührt.

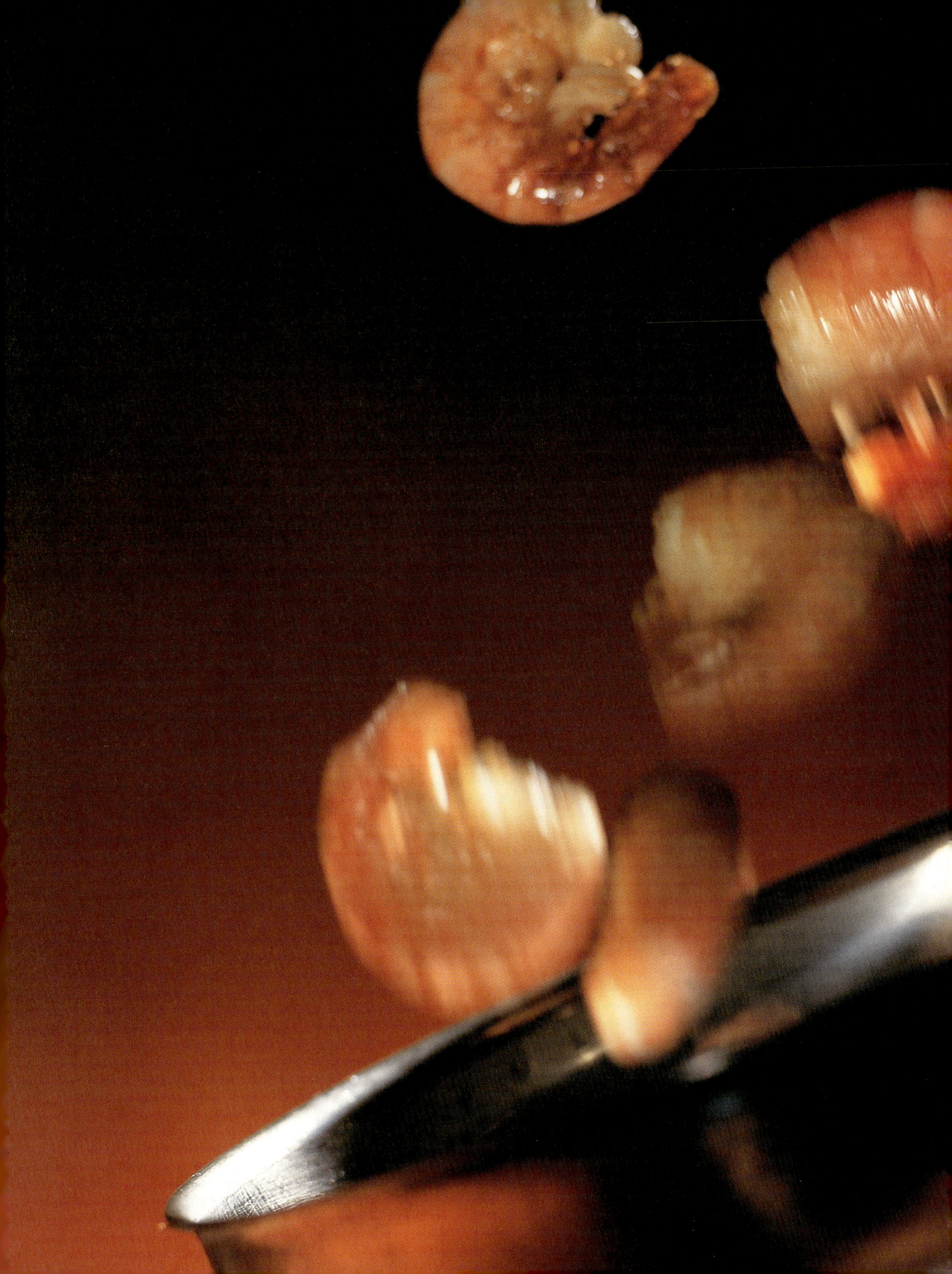

1

BLITZGERICHTE

Rennboote an den Start

Ein paar Zutaten, eine Pfanne und ein bißchen Phantasie – das ist das ganze Geheimnis. Alles griffbereit und klar zum Start? Dann nix wie ran an die Pfanne. Der erste Preis für Ihre Kochkünste ist Ihnen bestimmt sicher.

AAL OPTIMAL

FLENSBURGER AAL
(2 Personen)

1 kleiner geräucherter Aal
4 Eier
2 EL Milch
Salz, Pfeffer
1 EL Butter
1 EL gehackte Petersilie
1 EL Schnittlauchröllchen
Zitrone zum Garnieren

Aal filetieren, eventuell in Stücke schneiden und auf einer Platte anrichten.
Eier mit Milch verquirlen und mit Salz und Pfeffer würzen. Butter in einer Pfanne erhitzen und die Eiermilch hineingießen. Bei kleiner Hitze stocken lassen, dabei ab und zu umrühren. Rührei auf den Aal geben und mit Kräutern bestreuen. Mit Zitrone garnieren.

BEILAGE

Weil es ja schnell gehen soll, gibt's bei mir dazu eine Scheibe kräftiges Roggenbrot. Als Salat reiche ich pro Person ein Viertel Eisbergsalat dazu, das ich im ganzen auf einen Teller lege. Darüber kommt eine selbstgerührte Essig-Öl-Marinade oder ganz fix eine fertige Salatsauce.

REGATTA-RAGOUT

ROTBARSCH-CURRY
(2 Personen)

300 g Rotbarschfilet
Zitronensaft
1 Zwiebel
1 EL Butter
Curry
1/8 l Hühnerbrühe (Instant)
4 EL Ananasstücke (aus der Dose)
1 Glas (350 g) Chop-Suey-Gemüse
1 Becher (125 g) Crème fraîche
Salz, Pfeffer
1 Schuß Ananassaft
1 EL Kokosraspel

Rotbarschfilet waschen, trockentupfen und in Streifen schneiden. Mit etwas Zitronensaft beträufeln. Zwiebel schälen und würfeln.
Butter in einer großen Pfanne erhitzen. Zwiebeln darin glasig dünsten. Fischfilet zufügen und ca. 5 Minuten garen, dabei vorsichtig wenden. 1 EL Curry darüberstreuen. Brühe, Ananas und Chop-Suey einrühren. Kurz erhitzen. Crème fraîche vorsichtig darunterrühren und heiß werden lassen. Mit Salz, Pfeffer, Curry und Ananassaft abschmecken. Mit Kokosraspeln bestreut servieren.

BEILAGE

Körnig gekochter Reis. Ich empfehle für mein Rotbarsch-Curry einen aromatischen Basmati-Reis. Damit alles gleichzeitig fertig ist, den Reis zuerst aufsetzen.

MEIN TIP

Eine raffinierte Note bekommt das Rotbarsch-Curry, wenn Sie statt der Brühe 1/8 l ungesüßte Kokosmilch (Sie bekommen die Kokosmilch in Asienläden) zufügen. Zum Verfeinern sind dann 1-2 EL Crème fraîche ausreichend.

SPÖKENKIEKER AUF NORDSPIEKER

Unter der rauhen Schale des Norddeutschen steckt bekanntlich ein weicher Kern. Waren es die empfindsamen Seelen der Norddeutschen oder die Unsicherheit des Daseins an der Nordseeküste, die Spukgeschichten fruchtbaren Boden gaben? Der Spökenkieker (Spuk und gucken) ist der Hexenmeister der Norddeutschen. „Pfann-tastische" Geschichten und „pfann-tastische" Gerichte finden Sie in Deutschlands Norden.

SPÖKENKIEKER AUF NORDSPIEKER

GEBRATENE HUMMERKRABBEN IN KNOBLAUCH
(2 Personen)

400 g Hummerkrabben (roh, mit Schale)
2-3 Knoblauchzehen
je 1 kleine rote und gelbe Paprikaschote
3 EL Olivenöl
1 kräftiger Schuß trockener Weißwein
Salz
schwarzer Pfeffer aus der Mühle
1 Bund glatte Petersilie

Die Hummerkrabben aus der Schale lösen, dazu den Panzer auf der Unterseite aufbrechen. Hummerkrabben auf dem Rücken leicht einschneiden und den schwarzen Darm entfernen. Abspülen und trockentupfen.
Knoblauch schälen und in Scheiben schneiden. Paprikaschoten vierteln, putzen und dabei die weißen Kernchen und Rippen entfernen. Paprika abspülen und fein würfeln.
Öl in einer Pfanne erhitzen. Knoblauch, Hummerkrabben und Paprika hineingeben. Unter Rühren ca. 3 Minuten braten.
Mit Weißwein ablöschen und etwas einkochen lassen. Mit Salz und Pfeffer abschmecken.
Die Petersilie abbrausen, trockenschütteln und die Blättchen von den Stielen zupfen. Petersilie zu den Krabben geben und sofort servieren.

BEILAGE

Dazu gibt's bei mir frisch aufgebackenes Baguette.

MEIN TIP

Als Alternative bereite ich die Hummerkrabben statt mit Paprika auch mit Fenchel zu, den ich dafür in feine Streifen schneide.

SCHMAUS FÜR DIE CREW VOM TANKSCHIFF MARABU

GARNELEN IN
KOKOS-TOMATEN-SAUCE
(2 Personen)

1 Bund Frühlingszwiebeln
1 Zwiebel
1 Knoblauchzehe
1 EL Öl
1/2 Dose (200 ml) ungesüßte Kokosmilch
1/2 Packung (250 g) pürierte Tomaten
Salz
schwarzer Pfeffer aus der Mühle
1 Prise Zucker
einige Spritzer Tabasco
200 g gekochte Garnelen ohne Schale
2 TL Kokosraspel

Frühlingszwiebeln putzen, waschen und in Stücke schneiden. Zwiebel und Knoblauch schälen und würfeln.
Öl in einer großen Pfanne erhitzen. Zwiebeln und Knoblauch darin andünsten. Frühlingszwiebeln zufügen und unter Rühren 1-2 Minuten garen. Kokosmilch und Tomatenpüree einrühren, kurz aufkochen lassen. Die Sauce mit Salz, Pfeffer, Zucker und Tabasco mild oder scharf abschmecken.
Die Garnelen hineingeben und bei geringer Hitze 5 Minuten in der Sauce ziehen lassen.
Mit Kokosraspeln bestreut servieren.

MEIN TIP

Dieses Gericht serviere ich gerne zu einem festlichen Anlaß in einer ausgehöhlten Kokosnußhälfte als Vorspeise. Die Garnelen stecke ich auf Holzspieße und stelle sie in die heiße Sauce. Wer ganz sicher gehen möchte, daß die Kokosnußhälften nicht ins Schwanken geraten, stellt sie in flache Schälchen. Sehr dekorativ sieht es aus, wenn Sie den Kokosnußrand mit Eiweiß bepinseln und mit Kokosraspeln bestreuen.

HANSEATENTELLER

Die Hanse war ein mittelalterlicher Städtebund, dessen Mitglieder gemeinsam mit anderen Ländern Handel trieben. Hanseaten waren demzufolge Kaufleute, die diesem Bund angehörten. Wen wundert's, daß sie alle zur reichen Bürgerschicht gehörten, die uns auch heute noch mit vornehmer Zurückhaltung begegnet. Und das ist echt hanseatisch: Kühl und distanziert. Erst nach langer Zeit gelingt es dem „Fremden", mit ihnen warm zu werden – oder nie! Hat man es aber einmal geschafft, entsteht eine echte, tiefe Freundschaft. Und was ist besser, als gute Freunde mit einem guten Essen zu verwöhnen?

HANSEATENTELLER

HÄHNCHENBRUSTFILET
AUF APFELSCHEIBEN
(2 Personen)

2 Hähnchenbrustfilets mit Haut
Salz
Pfeffer aus der Mühle
1 EL Öl
1 säuerlicher Apfel
(z.B. Boskop oder Jonagold)
2 TL Butter
1/2 Becher (100 g) Schlagsahne
knapp 1 EL geriebener
Meerrettich aus dem Glas
etwas Zitronensaft
1 Prise Zucker

Hähnchenbrustfilets abspülen, trockentupfen und mit Salz und Pfeffer würzen. Öl in einer tiefen Pfanne erhitzen und die Hähnchenbrustfilets darin ca. 12 Minuten braten. Hähnchenbrustfilets warm stellen.
Apfel waschen und mit einem Apfelausstecher das Kerngehäuse entfernen. Apfel in Scheiben schneiden. Butter ins Bratfett geben und die Apfelscheiben darin weichdünsten.
Apfelscheiben auf vorgewärmte Teller verteilen.
Bratensatz mit Sahne ablöschen und aufkochen. Meerrettich einrühren und die Sauce mit Salz, Pfeffer, Zitronensaft und Zucker abschmecken.
Hähnchenbrustfilets in Scheiben schneiden und auf den Apfelscheiben anrichten. Meerrettichsauce darübergießen oder getrennt reichen.

BEILAGE

Dazu paßt Kartoffelpüree oder Reis. Unter körnig gekochten Reis mische ich noch etwas feingehackte Minze oder einige geröstete Mandelsplitter.

HUMMEL, HUMMEL

Die Hamburger antworten darauf „Mors, Mors". Daß dies der plattdeutsche Ausdruck für das Hinterteil ist, wird so manch einer wissen. Aber warum „Hummel, Hummel"? In Zeiten, als es in Hamburg noch kein fließend Wasser gab, wurde es von Wasserträgern herbeigeschafft. Sie trugen eine eigene Tracht, wie man sie heute noch auf Hamburger Wahrzeichen sehen kann. Der bekannteste Wasserträger war ein Herr Hummel. Er muß ein Unikum gewesen sein, denn für Kinder war es eine besondere Gaudi, ihn zu necken. Sie hatten einen Heidenspaß, wenn er auf ihren Zuruf „Hummel, Hummel" mit der plattdeutschen Version des Götz-von-Berlichingen-Zitates antwortete: „Mors, Mors".

HUMMEL, HUMMEL

LAUCHSTANGEN IN KÄSESAHNE
(4 Personen)

4 Lauchstangen
2 kleine rote Paprikaschoten
2 EL Öl
2 Knoblauchzehen
$^1/_2$ l Gemüsebrühe (Instant)
1 Becher (200 g) Schlagsahne
100 g Gruyère
(französischer Hartkäse)
Salz
schwarzer Pfeffer aus der Mühle

Lauchstangen putzen, gründlich waschen und in ca. 8 cm lange Stücke schneiden. Paprikaschoten vierteln, putzen und dabei die weißen Kernchen und Rippen entfernen. Paprika abspülen und in Würfel schneiden.
Öl in einer Pfanne erhitzen. Lauch darin unter Rühren anbraten. Knoblauch schälen und dazupressen. Brühe angießen und alles zugedeckt ca. 5 Minuten dünsten.
Lauch herausnehmen, warmstellen. Paprika und Sahne in die Brühe geben und 3 Minuten garen.
Käse reiben, zugeben und unter Rühren schmelzen lassen. Lauch zufügen. Mit Salz und Pfeffer abschmecken.

BEILAGE
Dazu passen Salzkartoffeln.

MEIN TIP
Dieses Gericht bereite ich im Frühling mit den ersten jungen Lauchstangen zu, die besonders zart sind und ein feines Aroma haben. Eine Delikatesse, die Sie unbedingt auch einmal probieren sollten.

MADAME WU AUS KIANGSU

GEMÜSEPFANNE VEGETARISCH
(4 Personen)

250 g Glasnudeln
2 Kohlrabis
2 Möhren
1 Bund Frühlingszwiebeln
250 g Champignons
4 EL Öl
4 Knoblauchzehen
Salz
schwarzer Pfeffer aus der Mühle
4 EL Sojasauce
1 Prise Zucker
1 EL gehackte Erdnüsse

Glasnudeln in warmem Wasser etwa 5 Minuten einweichen.
Kohlrabis und Möhren schälen, waschen und in dünne Streifen schneiden.
Frühlingszwiebeln putzen, waschen und schräg in Scheiben schneiden.
Champignonscheiben waschen, putzen und blättrig schneiden.
Öl in einer großen tiefen Pfanne (oder in einem Wok) erhitzen. Champignons hineingeben und 2 Minuten braten. Knoblauch schälen und dazupressen. Mit einer Prise Salz und Pfeffer würzen. Champignons auf einen Teller geben und beiseite stellen.
Übriges Gemüse ins Bratfett geben, unter Rühren 5 Minuten braten.
Glasnudeln abtropfen lassen und mit einer Schere klein schneiden. Zusammen mit den Champignons zum Gemüse geben und mischen. Mit Sojasauce, Salz, Pfeffer und Zucker abschmecken. Mit Erdnüssen bestreut servieren.

MEIN TIP

Statt Erdnüssen können Sie auch Cashewkerne zufügen, die Sie mit den Pilzen zusammen anbraten.

MADAME WU AUS KIANGSU

Die chinesische Kochkunst blickt auf eine Jahrtausend alte Tradition zurück. Ihre Philosophie ist es, die Ernährung im Einklang mit dem körperlichen Wohlbefinden zu sehen. Die Mahlzeiten sind nicht allein dazu da, um den Hunger zu stillen. Sie werden mit sehr viel Wissen, Feingefühl und Liebe zubereitet, damit sie auch der Gesundheit nützen. Auf einer meiner vielen Reisen erzählte mir ein Koch begeistert von der „Madame Wu aus Kiangsu", die vor mehr als 800 Jahren eine berühmte Köchin und Kochbuchautorin war, deren Rezepte und Kochbücher weit verbreitet waren. Immer mehr Menschen haben auch bei uns ihre Vorliebe für die asiatische Küche entdeckt, denn sie entspricht allen Grundsätzen einer modernen, gesunden Ernährung: viel frisches Gemüse, kurze Garzeiten, wenig Fett, wenig Fleisch, viel Fisch und reichlich Ballaststoffe. Probieren Sie meine asiatische Gemüsepfanne, und Sie werden im Nu meine Begeisterung für dieses wohlschmeckende Gericht teilen.

KRAFTPROTZ

OMELETT MIT CAMEMBERT-KRABBEN-FÜLLUNG
(2 Personen)

100 g Camembert
3 Eier
3 EL Milch
1 EL Wasser
2 EL Mehl
Salz
1 EL Butter
200 g Krabbenfleisch
schwarzer Pfeffer aus der Mühle
1 Bund Schnittlauch

Camembert in kleine Würfel schneiden. Eier trennen. Eigelb mit Milch und Wasser verquirlen und mit dem Mehl verrühren. Eiweiß mit einer Prise Salz steif schlagen und mit einem Schneebesen unter die Eigelbmasse heben.
Die Hälfte der Butter in einer beschichteten Pfanne schmelzen. Die Hälfte des Teiges hineingeben. Die Hälfte des Camemberts darüberstreuen. Deckel auflegen und das Omelett 2-3 Minuten stocken lassen. Die Hälfte der Krabben daraufgeben und mit frisch gemahlenem Pfeffer bestreuen. Omelett zusammenklappen und auf einen vorgewärmten Teller gleiten lassen.
Zweites Omelett ebenso zubereiten.
Schnittlauch abbrausen und trockenschütteln, danach in feine Röllchen schneiden. Omeletts mit Schnittlauch bestreut servieren.

BEILAGE
Dazu reiche ich frisch aufgebackenes Knoblauchbaguette mit Kräutern.

MEIN TIP
Klar, daß ich das „Kraftprotz"- Omelett mit Büsumer Nordseekrabben zubereite, die hier an der Küste auch Granat genannt werden.

KLEINE FISCHE

HOLSTEINER RÜHREI
(2 Personen)

10 Kieler Sprotten
1 EL Butter
4 Eier
4 EL kaltes Wasser
Salz, Pfeffer
2 Scheiben Weißbrot
1/2 Kästchen Kresse

Sprotten säubern und in Stücke zerpflücken. Butter in einer Pfanne erhitzen und die Fischstücke darin leicht anbraten.
Eier mit Wasser verquirlen und sparsam mit Salz und Pfeffer würzen. Über die Sprotten gießen und bei kleiner Hitze unter gelegentlichem Wenden fest werden lassen.
Weißbrot toasten und das Rührei darauf anrichten. Mit Kresse bestreut sofort servieren.

BEILAGE
Dazu schmeckt ein gemischter Salat mit feingehobelter Gurke und Radieschen.

MEIN TIP
Statt Sprotten können Sie auch Bückling (geräucherten Hering) nehmen.

ICH DENK AN OMA

LEBER-GEMÜSE-PFANNE
(1 Person)

1 kleiner Zucchino
2 Möhren
125 g Kalbsleber
1 kleine Zwiebel
2 EL Butter
1 Schuß Gemüsebrühe (Instant)
1/2 TL Mehl
Salz, Pfeffer
1 EL feingeschnittenes Basilikum

Zucchino waschen, putzen und in feine Scheiben schneiden. Möhren schälen, waschen und ebenfalls in feine Scheiben schneiden. Leber abspülen, trockentupfen und eventuell die Sehnen entfernen. Leber in Streifen schneiden. Zwiebel schälen und würfeln.
1 EL Butter in einer Pfanne erhitzen und die Zwiebeln darin glasig dünsten. Gemüse zufügen, kurz anschmoren und die Brühe angießen. Zugedeckt ca. 5 Minuten garen.
Restliche Butter in einer zweiten Pfanne erhitzen. Leber darin kurz anbraten. Mit Mehl bestäuben und 2-3 Minuten weiterbraten. Leber mit Salz und Pfeffer würzen.
Lebergeschnetzeltes unter das Gemüse mischen, nochmals abschmecken und mit Basilikum bestreuen.

BEILAGE
Dazu paßt Kartoffelpüree oder knusprig aufgebackenes Baguette.

ICH DENK AN OMA

Düfte und Gerüche wecken in uns Erinnerungen an Ereignisse oder Situationen, und bestimmte Bilder werden sofort in uns wach. Stehe ich heute in der Küche und brate Zwiebeln und Knoblauch an, muß ich sofort an die Familie Maria, Caterina und Silvio Valente denken, die auf unseren Tourneen schnell mal was in der Pfanne brutzelten.
Dazu gehörte eben fast immer dieses betörende Knofi-Aroma. Beim Duft einer Havanna-Zigarre entsteht vor mir das Bild meines Opas.
Und wie gerne denke ich an meine Oma zurück, der ich als lütte Deern beim Kochen zugeschaut habe, wenn sie ihr Lieblingsgericht zubereitet hat!

WATT UND MEER

MOZZARELLA-BURGER
(2 Personen)

8 Weißbrotscheiben (vom Vortag)
1/2 l Milch
4 fingerdicke Scheiben Mozzarella
2 Eier
Salz, Pfeffer
6 EL Semmelbrösel
Öl zum Ausbacken
Basilikum zum Garnieren

Die Rinde der Weißbrotscheiben abschneiden. Brotscheiben in Milch einweichen. Die vollgesogenen Brotscheiben abtropfen lassen und zwischen zwei Brotscheiben eine Scheibe Mozzarella legen.
Eier in einem tiefen Teller mit einer Gabel verschlagen. Salzen und pfeffern. Semmelbrösel in einen zweiten tiefen Teller geben. Die Brotschnitten zuerst in Ei und dann in den Semmelbröseln wenden.
Reichlich Öl in einer tiefen Pfanne erhitzen. Die Burger gleich nach dem Panieren von beiden Seiten im heißen Öl goldbraun backen. Sofort mit Basilikum garniert anrichten.

BEILAGE
Dazu reiche ich einen Eisbergsalat mit Tomaten, Zwiebelringen und einer Kräuter-Vinaigrette.

MEIN TIP
Das Öl hat die richtige Temperatur zum Ausbacken, wenn sich die Oberfläche leicht kräuselt.

TRAUMSCHIFF-SCHWÄRMEREI

GEBRATENE CHAMPIGNONS
IN WEISSER SAUCE
(2 Personen)

10 große Champignons
2 EL Erdnußöl
Salz, Pfeffer
100 ml Hühnerbrühe (Instant)
1 TL Speisestärke
6 EL Milch
2 EL feingewürfelter
gekochter Schinken
2 EL gehackte Petersilie

Champignons waschen, putzen und nach Belieben die Stiele entfernen.
Öl in einer Pfanne erhitzen und die Pilze darin leicht bräunen. Mit etwas Salz und Pfeffer würzen. Brühe angießen und einige Minuten köcheln. Pilze mit einer Schaumkelle herausnehmen und auf eine vorgewärmte Platte geben.
Speisestärke mit Milch verrühren und in den Pilzfond einrühren. Einmal aufkochen. Mit Salz und Pfeffer abschmekken. Die Sauce über die Pilze gießen und mit Schinken und Petersilie bestreut servieren.

BEILAGE
Dazu reiche ich Kräuterreis.

MEIN TIP
Das Öl sollte recht heiß sein, damit die Pilze schnell bräunen. Nach dem Anbraten Hitze reduzieren. Die Pilzflüssigkeit nicht verdampfen lassen, da sie der Sauce einen kräftigen Geschmack gibt.

SKIPPERFRÜHSTÜCK

RÜHREI MIT RÄUCHERLACHS
(1 Person)

2 große Pellkartoffeln
2 EL Butter
2 Stiele Frühlingszwiebeln
2 Eier
2 EL Milch
Salz, Pfeffer
1 Scheibe Räucherlachs
2 TL gehackter Dill

Pellkartoffeln in Scheiben schneiden. Butter in einer Pfanne erhitzen und die Kartoffeln darin goldbraun braten.
Frühlingszwiebeln putzen, waschen und in feine Ringe schneiden. Zu den Kartoffeln geben und kurz mit dünsten. Eier mit Milch verquirlen. Salzen und pfeffern. Eiermilch über die Kartoffeln gießen und bei kleiner Hitze stocken lassen, dabei gelegentlich umrühren.
Lachs in Streifen schneiden und darunterheben.
Mit Dill bestreut servieren.

BEILAGE
Dazu paßt ein frischer Blattsalat.

2

KÖSTLICHES
AUS DEM MEER

Da wird der Fisch in der Pfanne verrückt

Fisch ist gesund!
Fisch läßt sich
unglaublich vielseitig
zubereiten!
Fisch ist im Hand-
umdrehen gar!
Kurzum:
Fisch ist ideal
für die Zubereitung in
der Pfanne!
Aus meiner Schatz-
truhe habe ich
für Sie die besten
Fischrezepte
geangelt,
und die sind einfach
„pfann-tastisch".

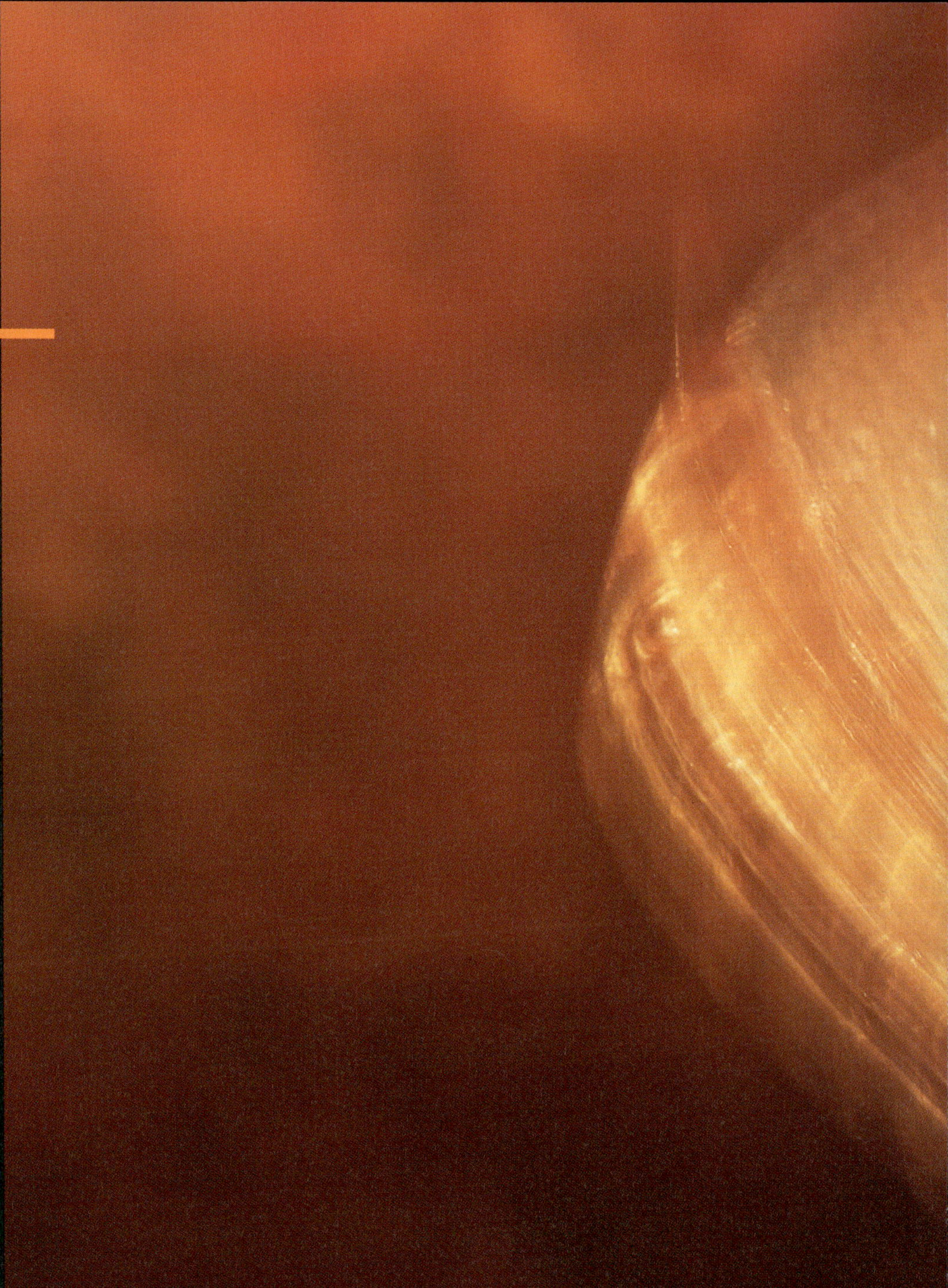

FINKENWERDER EWERSCHOLLE

Ein typisches Hamburger Gericht mit Tradition. Die Fischer von der Elbinsel Finkenwerder versorgten früher ganz Hamburg mit frischen Schollen. Ihre kleinen Fischerboote hießen Ewer, daher der Name. Das Inselvölkchen von „Finkenwarder" war schon immer ein Schlag für sich, und sein bekanntester Einwohner war Hans Kinau, der sich Gorch Fock nannte. Seine unzähligen hoch- und plattdeutschen Geschichten, vor allem sein Buch „Seefahrt ist not!" und das nach ihm benannte Segelschulschiff machen ihn unvergessen.
Übrigens:
Auf dem Hamburger Fischmarkt, heute Touristenattraktion mit buntem Angebot, kaufte die Hamburger Hausfrau früher wirklich ihren Sonntagsfisch, in erster Linie „Finkenwarder Ewerscholle".

FINKENWERDER EWERSCHOLLE

GEBRATENE SCHOLLE MIT SPECK
(4 Personen)

4 frische küchenfertige Schollen
(à ca. 350 g)
Salz
Saft von 1/2 Zitrone
200 g durchwachsener
geräucherter Speck
8 EL Butter
8 EL Mehl
Zitronenscheiben zum Garnieren

Schollen abspülen, trockentupfen und salzen. Mit Zitronensaft beträufeln. Speck klein würfeln. In einer großen Pfanne (am besten ist eine ovale Fischbratpfanne) die Butter erhitzen. Speck darin knusprig auslassen. Speck mit einer Schaumkelle herausnehmen und beiseite stellen.
Schollen in Mehl wenden, ins Speckfett geben und von jeder Seite etwa 6-8 Minuten braten.
Die Schollen mit der hellen Seite nach oben auf Teller legen. Speck in der Pfanne kurz erhitzen und auf die Schollen geben. Mit Zitrone garniert servieren.

BEILAGE
Salzkartoffeln und grüner Salat.

MEIN TIP
Aus der klassischen Ewerscholle wird im Nu eine südländische Spezialität, wenn Sie Knoblauch und Thymian mit braten und einige Oliven und Tomatenwürfel zufügen.

GENIESSEN WIE „BI UNS TO HUS"

GEFÜLLTE GURKENSCHEIBEN
(4 Personen)

1 große Salatgurke
200 g Seelachsfilet
1 Ei
2 EL Speisestärke
4 Knoblauchzehen
1 Bund Schnittlauch
Salz, Pfeffer
$^1/_2$ TL frisch geriebener Ingwer
1 EL mittelscharfer Senf
4 EL Erdnußöl
1 Tasse Fischfond (aus dem Glas)
2 EL Sojasauce
1 Schuß Sherry
1 Prise Zucker

Salatgurke waschen und in vier Teile schneiden. Gurkenstücke senkrecht auf die Schnittfläche stellen und die Kerne mit einem Teelöffel herauslösen.
Seelachsfilet abspülen, trockentupfen und in grobe Stücke schneiden. Fisch durch den Fleischwolf drehen und die Masse in eine Schüssel geben. Ei und Speisestärke zufügen. Knoblauch schälen und dazupressen. Schnittlauch abbrausen, trockenschütteln und in feine Röllchen schneiden. Zusammen mit 1 TL Salz, Pfeffer, Ingwer und Senf zugeben und alles zu einem glatten Teig vermischen.
Fischmasse in die Gurken füllen. Öl in einer großen Pfanne erhitzen. Von den Gurken etwa 1 cm dicke Scheiben abschneiden und von beiden Seiten scharf anbraten. Gurkenscheiben auf eine vorgewärmte Platte legen.
Bratensatz mit Fischfond ablöschen und aufkochen. Mit Sojasauce, Sherry, Salz, Pfeffer und Zucker abschmecken und über die Gurkenscheiben gießen.

BEILAGE
Körnig gekochter Reis und Sprossensalat mit Vinaigrette.

MEIN TIP
Probieren Sie zum Abschmecken der Fischfarce einmal eine andere Senfsorte, z.B. Kräuter- oder Zitronensenf oder einen speziellen Estragonsenf.

GENIESSEN WIE „BI UNS TO HUS"
Wer die gleichnamige Fernsehsendung mit ihren schönen Liedern von der Waterkant genießt, kennt auch meine Vorliebe für gutes Essen. Ein Genuß und eine ganz besondere Spezialität sind meine fein gefüllten Gurkenscheiben, die Sie umgehend bei sich to Hus auskosten sollten.

KABELJAU AUF DEM KABELLEGER

KABELJAU-KARTOFFEL-PFANNE
(4 Personen)

4 Portionen Kabeljaufilet (à ca. 200 g)
8 mittelgroße Kartoffeln
3 Knoblauchzehen
1/2 scharfe Pfefferschote
6 EL Olivenöl
Meersalz
1 Tasse Fischfond (aus dem Glas)
etwas Mehl
1 Glas Weißwein
schwarzer Pfeffer aus der Mühle
einige Safranfäden

Kabeljaufilets abspülen, trockentupfen und halbieren. Kartoffeln schälen und in dünne Scheiben schneiden. Knoblauch schälen und hacken. Pfefferschote aufschneiden, putzen, abspülen und in sehr feine Streifen schneiden.
Olivenöl in einer Pfanne erwärmen (nicht zu heiß werden lassen!). Kartoffeln, Knoblauch und Pfefferschoten hineingeben. Salzen und unter ständigem Wenden ca. 10 Minuten bei geringer Hitze anbraten.
Wenn die Kartoffeln Farbe annehmen, den Fischfond angießen. Zugedeckt weitere 5 Minuten kochen.
Fischfilets salzen und in Mehl wenden. Auf die Kartoffeln legen und den Deckel auflegen. Nach 5 Minuten den Wein darübergießen. Mit Pfeffer bestreuen. Alles vorsichtig wenden, die Safranfäden darüber verteilen und alles zugedeckt weitere 5 Minuten garen.
Stilgerecht serviere ich dieses Gericht in der Pfanne.

BEILAGE
Knackfrischer Fenchel-Paprika-Salat.

MEIN TIP
Statt Kabeljaufilet eignet sich auch Seelachs, Rotbarsch oder Schellfisch.

HE LÜCHT

SEEZUNGENFILET MIT SENF-SAHNE-SAUCE
(4 Personen)

500 g Seezungenfilets
1/2 Zitrone
1 Ei
Salz, Pfeffer
3 EL Semmelbrösel
3 EL Öl
3 EL Butter
1 Becher (200 g) Schlagsahne
2 EL körniger Senf
1 EL Weinbrand
1 Prise Zucker
1 EL gehackter Dill

Seezungenfilets abspülen, trockentupfen und mit Zitronensaft beträufeln. Ei mit einer Gabel verschlagen. Salzen und pfeffern. Die Filets zuerst im Ei, dann in den Semmelbröseln wenden.
Öl in einer großen Pfanne erhitzen. Butter zufügen und die Filets darin bei mittlerer Hitze von beiden Seiten je 2 Minuten knusprig braten.
Sahne in einem Topf auf knapp die Hälfte einkochen lassen. Mit Senf, Weinbrand, Salz, Pfeffer und Zucker abschmecken. Die Sauce über die Filets geben und mit Dill bestreut servieren.

BEILAGE
Dillkartoffeln und Erbsen.

MEIN TIP
Die Sauce gleichzeitig bei der Zubereitung der Fischfilets einkochen lassen, damit beides zusammen fertig ist.

TÄTOWIERT AM ACHTERSTEVEN

Ein Anker, ein Rettungsring oder der Name der Braut auf Arm oder Brust sind die klassischen Tätowierungen der Seeleute. Für einen Seemann ist klar:
Was ein richtiger Kerl ist, glaubt, so etwas haben zu müssen.
Schon etwas ausgefallener ist eine Tätowierung „am Achtersteven".
Und etwas ausgefallener ist auch dieses Rezept mit Fischfilet, Bananen, Curry und Krabben.

TÄTOWIERT AM ACHTERSTEVEN

FISCH SÜSS-SAUER
MIT KRABBEN
(4 Personen)

800 g Seelachsfilet
6 EL Sojasauce
6 EL trockener Sherry
4 TL Zitronensaft
4 TL Zucker
2 TL Curry
2-3 Knoblauchzehen (geschält)
3 EL Speisestärke
6 EL Sojaöl
2 Bananen
100 g Tiefseekrabbenfleisch
Curry und
2 TL gehackte Pistazien
zum Bestreuen

Seelachsfilet abspülen, trockentupfen und in Würfel schneiden. Fischwürfel in eine Schüssel geben.
Sojasauce, Sherry, Zitronensaft, Zucker, Curry und Knoblauchzehen verrühren. Die Hälfte der Marinade über den Fisch gießen. 30 Minuten abgedeckt im Kühlschrank durchziehen lassen.
Fisch gut abtropfen lassen. In Speisestärke wenden. Öl in einer großen Pfanne erhitzen. Die Fischwürfel darin von allen Seiten knusprig braun braten. Bananen pellen, in Scheiben schneiden und kurz mit braten. Zum Schluß die Krabben hinzufügen und erwärmen. Alles auf eine vorgewärmte Platte geben und warm stellen.
Restliche Marinade in die Pfanne gießen und etwas einkochen lassen. Sauce über den Fisch gießen und mit Curry und Pistazien bestreuen.

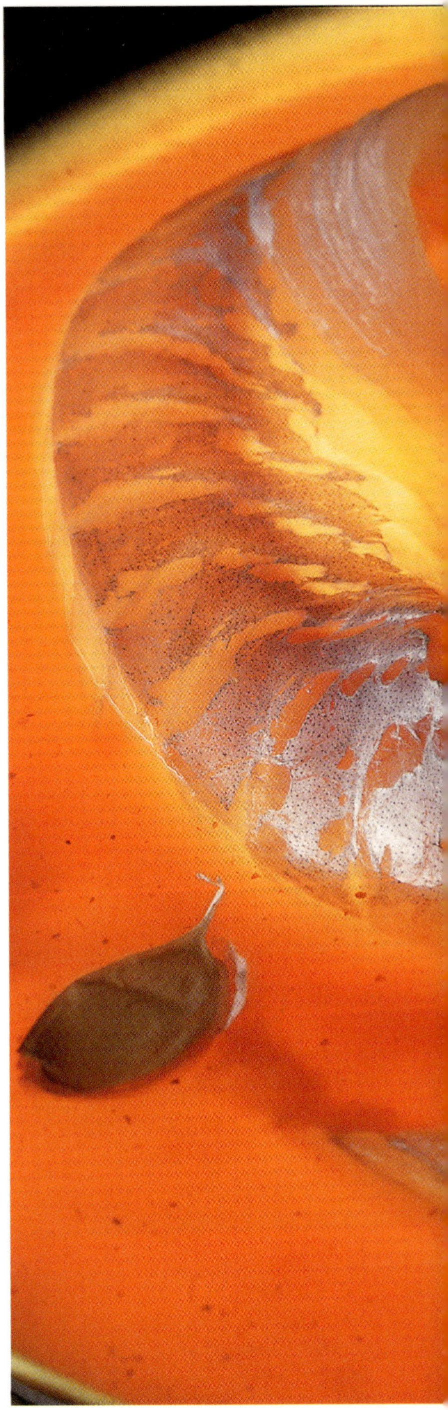

BEILAGE
Körnig gekochter Basmati-Reis.

MEIN TIP
Probieren Sie für die würzige Marinade einmal statt Sherry Reiswein. Gibt's in Asien-Geschäften oder im Supermarkt.

BACKEN UND BANKEN

FISCHGESCHNETZELTES
MIT ANANAS
(4 Personen)

600 g Seelachsfilet
Saft von 1/2 Zitrone
1 daumengroßes Stück Ingwer
2 Knoblauchzehen
8 EL Sojasauce
schwarzer Pfeffer aus der Mühle
1 Messerspitze Chilipulver
6 Scheiben Ananas
4 EL Öl
300 g frische Sojabohnenkeime
1 Bund Schnittlauch

Seelachsfilet abspülen, trockentupfen und in Würfel schneiden. Mit Zitronensaft beträufeln. Ingwer schälen, klein würfeln. Knoblauch schälen. Sojasauce mit Pfeffer, Chili und Ingwer verrühren. Knoblauch dazupressen. Fischwürfel darin wenden. Ca. 1 Stunde im Kühlschrank durchziehen lassen.
Ananasscheiben in Stücke schneiden. Öl in einer großen Pfanne erhitzen. Fisch trockentupfen und unter ständigem Wenden 6-8 Minuten braten. Ananas und Sojabohnenkeime darunterrühren und erhitzen. Nach Belieben mit Sojasauce, Pfeffer und Chilipulver abschmecken. Schnittlauch abbrausen, trockenschütteln, in Röllchen schneiden und über den Fisch streuen.

BEILAGE
Körnig gekochter Reis und Zucchinisalat.

MEIN TIP
Statt Ananas können Sie auch Mango nehmen. Eine nicht allzu reife Frucht dünn abschälen und das Fruchtfleisch in Stücken vom faserigen Kern herunterschneiden.

BACKEN UND BANKEN

Die Sprache der Seeleute ist geprägt von eigenen Fachausdrücken. Luv und Lee, Backbord und Steuerbord sind Begriffe, die jeder an Bord sofort versteht. Aber „Backen und Banken" ist eines der schönsten Kommandos, denn dann ruht die Arbeit, und es heißt „Essen fassen und Platz nehmen".

NORDSTRANDER NOSTALGIE

Petrejus, ein Prediger aus dem 16. Jahrhundert, der Reichtum und Armut in Schleswig-Holstein erlebt hatte, war von den Nordstrander Eßgewohnheiten sehr überrascht. Er schreibt, daß er sein Lebtag nicht ein solches Wohlleben gesehen habe wie auf Nordstrand. „Gänse im eigenen Fett, geräucherte Ochsen, Speckseiten, Lammfleisch, riesige Fische, Käse, Eier und goldgelbe Butter! Alles im Überfluß. Selbst das Gesinde lebt wie die Herrschaft – wir haben hier soviel zu essen, daß wir täglich fünf Stunden gebrauchen, um zu speisen ...". Auch wenn dieses Rezept nicht so üppig ist, so ist es doch etwas ganz Besonderes: Gebackene Karpfenfilets mit einer pikanten Sauce Tatare.

NORDSTRANDER NOSTALGIE

GEBRATENE KARPFENFILETS
(4 Personen)

4 Filets von zwei kleinen Karpfen (vom Fischhändler vorbereiten lassen)
4 EL Mehl
2 Eiweiß
6 EL Semmelbrösel
100 g Butter
1 Bund Petersilie

Karpfenfilets abspülen und trockentupfen. Karpfenfilets zuerst in Mehl, dann in verquirltem Eiweiß und zum Schluß in Semmelbröseln wenden.
Butter in einer großen Pfanne erhitzen und die Karpfenfilets darin von jeder Seite ca. 5 Minuten braten. Petersilie abbrausen und trockenschütteln, danach fein hacken. Karpfenfilets mit Petersilie bestreuen.

BEILAGE

Sauce tartare:
125 g Mayonnaise mit 2 EL Schlagsahne verrühren. 1/2 feingehackte Zwiebel, je 1 TL feingewiegte Petersilie und Kerbel, 1 gehacktes Sardellenfilet und 1 TL gewiegte Kapern darunterrühren. Mit Salz und Pfeffer abschmecken.

MEIN TIP

Besonders fein sind selbstgemachte Semmelbrösel, dazu entweder altbackene Brötchen reiben oder Toast- oder Weißbrot im elektrischen Zerkleinerer zu Bröseln verarbeiten.

PETRI HEIL!

AALSPIESS MIT SALBEI
(4 Personen)

2 grüne Aale
(vom Fischhändler abgezogen
und küchenfertig vorbereitet)
4 dickere Scheiben durchwachsener
geräucherter Speck
1 Bund Salbei
Salz
Pfeffer aus der Mühle
4 EL Öl

Aale abspülen, trockentupfen und in Stücke schneiden. Speckscheiben jeweils in vier Stücke schneiden. Salbei abbrausen und die Blätter von den Stielen zupfen.
Abwechselnd Aalstücke, Speck und Salbeiblätter auf Spieße stecken. Salzen und pfeffern.
Öl in einer großen Pfanne erhitzen und die Spieße darin unter mehrmaligem Wenden ca. 8 Minuten braten. Spieße vor dem Servieren auf Küchenpapier kurz abtropfen lassen.

BEILAGE
Ein bunt gemischter Eisbergsalat mit Tomate, Gurke, Zwiebeln und Maiskörnern.

MEIN TIP
Die Aalspieße sollten Sie sich fürs nächste Grillfest vormerken. Ich lege sie dann in eine Alu-Grillschale.

DA WACKELT DIE GANZE KOMBÜSE

BESCHWIPSTER
GOLDBARSCH
(4 Personen)

2 Zwiebeln
50 g Butter
1 EL Mehl
1 Flasche (0,3 l) dunkles Bier
6-8 Pfefferkörner
2 Nelken
1 EL Essig
Salz, Pfeffer
1 Prise Zucker
einige Spritzer Worcestershiresauce
1 kg Goldbarschfilet in Portionsstücken
1 EL gehackte Petersilie

Zwiebeln schälen und in Ringe schneiden. Butter in einer großen Pfanne erhitzen und die Zwiebelringe darin goldbraun braten. Mehl darüberstäuben und anschwitzen. Mit Bier ablöschen und unter Rühren aufkochen. Pfefferkörner, Nelken und Essig zufügen und die Sauce 5 Minuten köcheln lassen. Sauce mit Salz, Pfeffer, Zucker und Worcestershiresauce abschmecken.
Fischfilets abspülen und trockentupfen. In die Sauce einlegen und 6-8 Minuten gar ziehen lassen. Fischfilets mit einer Schaumkelle herausnehmen und auf eine vorgewärmte Platte geben. Sauce durchsieben, nochmals abschmecken und über den Fisch gießen. Mit Petersilie bestreuen.

BEILAGE
Salzkartoffeln und grüne Bohnen.

MEIN TIP
Statt Bier können Sie die Sauce auch mit einem trockenen Weißwein zubereiten. Auf Essig kann dann verzichtet werden.

HART VORM WIND

GOLDBARSCHFILET
AUF ROTEN LINSEN
(4 Personen)

Für den Fisch:
800 g Goldbarschfilet
Saft von 1/2 Zitrone
Salz, Pfeffer
etwas Mehl
3 EL Öl
3 EL Butter

Für das Linsen-Gemüse:
250 g rote Linsen
1/2 l Hühnerbrühe (Instant)
1 Bund Suppengrün
1 rote Zwiebel
2 EL Butter
1 EL Balsamessig
Salz, Pfeffer
1/2 Bund Koriander

Goldbarschfilet abspülen, trockentupfen und mit Zitronensaft beträufeln.
Linsen in die Brühe geben, aufkochen und bei kleiner Hitze ca. 5 Minuten kochen. Linsen auf einem Sieb abtropfen lassen, Brühe auffangen.
Suppengrün putzen, waschen und in dünne Streifen schneiden. Zwiebel schälen und würfeln. Butter in einer Pfanne erhitzen und die Zwiebeln darin glasig dünsten. Suppengemüse zufügen. Ca. 8 Minuten dünsten. Linsen und die Hälfte der Brühe zugeben und erhitzen. Mit Essig, Salz und Pfeffer abschmecken. Koriander abbrausen (etwas zum Garnieren beiseite legen), trockenschütteln und fein hacken. Koriander unter das Gemüse ziehen.
Fisch in Portionsstücke schneiden, salzen und pfeffern. Fischstücke in Mehl wenden. Öl in einer Pfanne erhitzen, Butter zugeben und das Fischfilet darin von beiden Seiten ca. 7 Minuten braten. Fischfilet auf dem Linsengemüse anrichten und mit Koriander garnieren.

MEIN TIP
Frischer Koriander wird im Supermarkt in Töpfen angeboten. Koriander im Bund bekommen Sie ganzjährig in Asienläden oder ab Frühjahr an Kräuterständen auf dem Wochenmarkt.

MAHLTIED ACHTERN DIEK

SCHELLFISCH
MIT WEINTRAUBEN
(4 Personen)

750 g Schellfischfilet
Saft von 1/2 Zitrone
Salz
Cayennepfeffer
50 g Butter
1/2 TL abgeriebene Zitronenschale (unbehandelt)
1/4 l trockener Weißwein
200 g kernlose Weintrauben
8 EL Schlagsahne
Pfeffer
1 Prise Zucker

Schellfischfilet abspülen und in Portionsstücke teilen. Mit Zitronensaft beträufeln. Mit Salz und Cayennepfeffer würzen. Butter in einer großen Pfanne (am besten ist eine ovale Fischbratpfanne) erhitzen. Die Fischfilets hineingeben und bei mittlerer Hitze pro Seite 4-5 Minuten braten.
Erst wenn die Fischfilets gar sind, Zitronenschale zugeben. Weißwein angießen und aufkochen. Trauben abspülen und von den Stielen zupfen. In die Sauce geben und erhitzen.
Die Sauce mit Sahne verfeinern und mit Salz, Pfeffer und Zucker abschmecken.

BEILAGE

Körnig gekochter Reis, besonders edel ist eine Wildreismischung.

MEIN TIP

Kurz bevor der Fisch gar ist, gebe ich zum Abrunden einen Eßlöffel feingewiegte Kräuter dazu.

KLÖNSNACK OP'N SEESACK

FISCHBOLLER
MIT SPECKSAUCE
(4 Personen)

500 g Fischfilet (Rotbarsch oder Seelachs)
1 altbackenes Brötchen
1 mittelgroße Zwiebel
1 Bund Petersilie
3 Eier
Salz, Pfeffer
etwas Mehl zum Formen
2 EL Semmelbrösel
50 g Butter oder Butterschmalz
30 g durchwachsener geräucherter Speck
1 EL Mehl
1/4 l klare Brühe (Instant)
1-2 EL Essig
1 Prise Zucker
2 EL Crème fraîche
Zitronenscheiben zum Garnieren

Fischfilet abspülen, trockentupfen und in grobe Stücke schneiden. Brötchen in Wasser einweichen. Zwiebel schälen und würfeln. Petersilie abbrausen und trockenschütteln. 1/2 Bund Petersilie hacken.
Fisch durch den Fleischwolf drehen und in eine Schüssel geben. Brötchen ausdrücken und zusammen mit 2 Eiern, Zwiebelwürfeln, gehackter Petersilie, Salz und Pfeffer zufügen. Alles zu einem glatten Teig vermischen.
Mit leicht bemehlten Händen 8 Frikadellen daraus formen. Im restlichen verquirlten Ei und den Semmelbröseln panieren. Fett in einer beschichteten Pfanne erhitzen und die Frikadellen bei milder Hitze von beiden Seiten goldbraun braten.
Speck würfeln und in einer zweiten Pfanne knusprig auslassen. Mehl darin anschwitzen und mit Brühe ablöschen. Einige Minuten leise köcheln lassen. Mit Salz, Pfeffer, Essig und Zucker abschmecken. Crème fraîche einrühren. Frikadellen und Sauce auf einer vorgewärmten Platte anrichten und mit der restlichen Petersilie und Zitrone garnieren.

MAHLTIED ACHTERN DIEK

„Es ist der Eßtisch fürwahr ein Ankerplatz in den Stürmen des Lebens" besagt eine alte holsteinische Bauernweisheit. Und das nicht nur „achtern Diek" – hinterm Deich!

3

FRIKADELLEN, STEAKS & CO.

Mit Volldampf voraus

Appetit auf Fleisch
und keine Zeit?
Da brat' ich mir einfach
schnell ein Steak!
Damit's perfekt gelingt,
sind drei Dinge wichtig:
Die richtige Pfanne,
ein gutes Stück Fleisch
und etwas Know-how.
Wer ein bißchen mehr
Zeit zum Brutzeln hat,
findet außerdem saftige
Stückchen von Schwein,
Lamm und Huhn
sowie leckere und neue
Frikadellenrezepte.

BOSSELKUGELN

PIKANT-SÜSSE FRIKADELLEN
(4 Personen)

1 Brötchen
500 g gemischtes Hackfleisch
1 Ei
2 TL mittelscharfer Senf
Salz, Pfeffer
Edelsüß-Paprikapulver
3 Stiele Frühlingszwiebeln
2 kleine Birnen
50 g Blauschimmelkäse
1-2 EL Sonnenblumenkerne
1-2 EL Öl zum Braten

Brötchen in Wasser einweichen.
Hack, Ei und Senf in eine Schüssel geben. Brötchen ausdrücken und zufügen. Mit Salz, Pfeffer und Paprika würzen und alles zu einem glatten Teig verkneten.
Frühlingszwiebeln putzen, waschen und in feine Ringe schneiden. Birnen schälen, vierteln, entkernen und in feine Würfel schneiden. Käse würfeln. Frühlingszwiebeln, Birnen, Käse und Sonnenblumenkerne unter die Hackmasse kneten.
Mit angefeuchteten Händen Frikadellen formen.
Öl in einer Pfanne erhitzen und die Frikadellen darin von beiden Seiten scharf anbraten und bei niedriger Hitze 10 Minuten garen.

BEILAGE
Salzkartoffeln und Brokkoli.

MEIN TIP
Wer möchte, bereitet dazu eine scharfe Tomatensauce: Bratensatz mit 1/8 l Tomatenpüree (aus der Packung) und gut 1/8 l Brühe ablöschen. Mit Soja- und Chilisauce abschmecken.

BULLAUGEN

FRIKADELLEN
MIT GLASIERTEN ZWIEBEL-RINGEN
(4 Personen)

1 Brötchen
500 g gemischtes Hackfleisch
1 große Zwiebel
3 Knoblauchzehen
1/2 Bund Petersilie
2 Eier
Salz, Pfeffer
1 Prise frisch geriebene Muskatnu
1 Prise Edelsüß-Paprikapulver
1 EL Butterschmalz
2 mittelgroße rote Zwiebeln
2 EL Olivenöl
2 EL Balsamessig
1 TL Honig

Brötchen in Wasser einweichen.
Hack in eine Schüssel geben. Zwiebel und Knoblauch schälen. Petersilie abbrausen, trockenschütteln und fein hacken. Brötchen ausdrücken und zusammen mit Zwiebeln, Knoblauch, Petersilie, Eiern, Salz, Pfeffer, Muskat und Paprikapulver zum Hack geben.
Alles verkneten. Mit angefeuchteten Händen Frikadellen daraus formen.
Butterschmalz in einer Bratpfanne erhitzen. Frikadellen darin rundherum scharf anbraten. Bei geringer Hitze ca. 10 Minuten braten.
Rote Zwiebeln schälen und in Ringe schneiden. Öl erhitzen. Zwiebeln darin bei mittlerer Hitze ca. 20 Minuten braten. Essig und Honig zufügen und unter Rühren noch 10 Minuten schmoren. Zusammen servieren.

BEILAGE
Salzkartoffeln oder Kartoffelpüree und grüne Bohnen.

HOL DI STIEF

FRIKADELLEN MIT ROQUEFORT
(4 Personen)

500 g gemischtes Hackfleisch
1 kleine Zwiebel
1 Knoblauchzehe
1 Ei
4 EL Semmelbrösel
Salz, Pfeffer
100 g Roquefortkäse
1-2 EL Öl zum Braten

Hack in eine Schüssel geben. Zwiebel und Knoblauch schälen. Zwiebel würfeln und zum Hack geben. Knoblauch durch eine Knoblauchpresse dazudrücken. Ei, Semmelbrösel, Salz und Pfeffer zugeben und alles zu einem glatten Teig verkneten.
Roquefort in 8 Würfel schneiden. Mit angefeuchteten Händen aus dem Hackteig 8 Frikadellen formen, dabei als Füllung einen Roquefortwürfel in die Mitte drücken.
Öl in einer Pfanne erhitzen und die Frikadellen darin scharf anbraten. Bei niedriger Temperatur 10 Minuten garen.

BEILAGE
Salzkartoffeln und Fenchelgemüse.

MEIN TIP
Da Roquefort eine weiche Konsistenz hat, sollte er zum Würfeln direkt aus dem Kühlschrank genommen werden.

POTTKIEKER'S GEHEIMNIS

KRÄUTER-FILETSTEAKS
(4 Personen)

4 Rinderfiletsteaks
Salz, schwarzer Pfeffer aus der Mühle
5 frische Salbeiblätter
10 Rosmarinnadeln
je 1 EL Thymian- und Majoranblättchen
2 EL körniger Senf
50 g gemahlene Mandeln
4 Scheiben Frühstücksspeck
Küchengarn oder Holzspießchen
2 EL Butterschmalz

Rinderfiletsteaks salzen und pfeffern. Kräuter hacken und mit Senf und Mandeln mischen. Die Steakränder damit bestreichen und mit einer Scheibe Frühstücksspeck umwickeln. Dann mit Küchengarn zusammenbinden oder mit Holzspießchen feststecken.
Butterschmalz in einer Pfanne erhitzen und die Steaks darin pro Seite etwa 4 Minuten braten.

BEILAGE
Baguette und gegrillte Tomaten.
Dazu Tomaten waschen, längs halbieren, pfeffern und mit geriebenem Parmesan bestreuen. Mit etwas Olivenöl beträufeln und ca. 5 Minuten grillen.

MEIN TIP
Wer ein bißchen mehr Zeit hat, bereitet dazu ein Kartoffelgratin. Dazu dünne Kartoffelscheiben in eine gebutterte flache Auflaufform schichten. Mit Salz, Pfeffer und einer Prise Muskat würzen. Soviel süße Sahne angießen, daß die Kartoffeln bedeckt sind. Im Backofen bei 200 Grad 50-60 Minuten garen.

KADETTEN-FRÜHSTÜCK

LEBERKÄSE
MIT ZWIEBELGEMÜSE
(2 Personen)

1 Gemüsezwiebel
2 rote Zwiebeln
30 g Butter
Salz
schwarzer Pfeffer aus der Mühle
1 Prise Zucker
$^1/_8$ l klare Brühe (Instant)
$^1/_8$ l Schlagsahne
2 EL Öl
2 Scheiben Leberkäse
1 Bund Petersilie

Zwiebeln schälen und in Streifen schneiden. Butter in einer tiefen Pfanne erhitzen. Zwiebelstreifen darin glasig dünsten. Mit Salz, Pfeffer und Zucker würzen. Brühe und Sahne angießen und die Zwiebeln darin offen ca. 10 Minuten garen.
Öl in einer zweiten großen Pfanne erhitzen und den Leberkäse darin pro Seite ca. 3 Minuten knusprig braun braten.
Petersilie abbrausen, trockenschütteln, hacken und unter das Zwiebelgemüse mischen. Zusammen mit dem Leberkäse anrichten.

BEILAGE
Bratkartoffeln oder Kartoffelpüree.

MEIN TIP
Wer die Zwiebeln etwas sämiger haben möchte, bindet den Sud mit heller Mehlschwitze (Instant) oder Speisestärke.

NEUES AUS DER ALTEN KATE

GESCHNETZELTE PUTENBRUST
(2 Personen)

1 Tasse Langkornreis
Salz
250 g Putenbrust
100 g Champignons aus der Dose
70 g Butter
1/2 Glas Rotwein
weißer Pfeffer aus der Mühle
1/8 l Schlagsahne
2 EL heller Saucenbinder
8 Aprikosenhälften aus der Dose

Reis in zwei Tassen leicht gesalzenem Wasser ca. 18 Minuten garen. Putenbrust in Streifen schneiden. Champignons in Scheiben schneiden. 40 g Butter erhitzen und das Fleisch darin anbraten. Champignons zufügen, kurz anschmoren und mit Rotwein ablöschen. Mit Salz und Pfeffer würzen. Zugedeckt 15 Minuten garen. Schlagsahne angießen und aufkochen. Mit Saucenbinder andicken.
20 g Butter in einer zweiten Pfanne erhitzen. Aprikosen darin anbraten.
Eine flache Schüssel mit der restlichen Butter ausfetten und den Reis hineingeben. Reis festdrücken und auf eine vorgewärmte Platte stürzen. In die Mitte eine Vertiefung drücken. Putengeschnetzeltes einfüllen und mit Aprikosen umlegen.

MEIN TIP

2 EL feingehackte Minze unter den Reis mischen. Das frische Kräuteraroma paßt bestens zum Putenfleisch und den fruchtig-süßen Aprikosen.

NEUES AUS DER ALTEN KATE

Zum Kochen gehört
Kreativität und
eine Prise Phantasie.
Nur so können
neue Rezepte entstehen.
Klar, daß dabei oft
auch auf „Altbewährtem"
aufgebaut wird.
Wenn ich in meiner Kate
hinterm Deich
neue Rezepte ausprobiere,
lautet meine Devise:
Traditionelles wird abgespeckt, modernisiert
und mit neuen Zutaten
verfeinert.
So kommt immer wieder
„Neues aus der alten Kate"
auf den Tisch.

UNTER VOLLEN SEGELN

PUTENROLLEN MIT MOZZARELLA
(4 Personen)

4 Putenschnitzel (à ca. 150 g)
Salz, weißer Pfeffer aus der Mühle
3 EL gehacktes frisches Basilikum
200 g Mozzarella
4 Scheiben magerer geräucherter Schinken
2 EL Öl
1/4 l klare Brühe (Instant)
3 EL Tomatenmark
1-2 EL Crème fraîche

Putenschnitzel mit dem Handballen flachklopfen. Mit Salz, Pfeffer und mit 2 EL Basilikum bestreuen. Mozzarella abtropfen lassen und in Scheiben schneiden. Schnitzel erst mit Schinken, dann mit Mozzarella belegen. Aufrollen und mit Holzspießchen sorgfältig zusammenstecken.
Öl in einer Pfanne erhitzen und die Putenrollen darin von allen Seiten anbraten. Brühe angießen und zugedeckt ca. 30 Minuten schmoren.
Putenrollen aus dem Fond nehmen und warm stellen. Tomatenmark einrühren und aufkochen. Die Sauce mit Salz, Pfeffer, restlichem Basilikum und Crème fraîche abschmecken.

BEILAGE

Römische Erbsen

2 EL Olivenöl erhitzen. 1 feingehackte Gemüsezwiebel darin goldbraun braten. 6 Scheiben in feine Streifen geschnittenen Frühstücksspeck zugeben und 10 Minuten braten. 450 g tiefgefrorene Erbsen zufügen und bei schwacher Hitze 10 Minuten garen. Mit Salz, Pfeffer und Zucker abschmecken.

SCHOTTEN DICHT UND RAN AN SPECK

PUTENSCHNITZEL IM SPECKMANTEL
(4 Personen)

4 Putenschnitzel
Salz
3 EL Honig
3 EL Zitronensaft
weißer Pfeffer aus der Mühle
8-12 Salbeiblätter
4 dünne Scheiben Frühstücksspeck
40 g Butter
150 g Sahnejoghurt
2 EL Crème fraîche

Putenschnitzel mit dem Handballen flach klopfen und salzen. Honig mit Zitronensaft verrühren, mit Pfeffer abschmecken. Die Putenschnitzel damit einpinseln und abgedeckt über Nacht im Kühlschrank durchziehen lassen. Restliche Marinade aufheben.
Putenschnitzel mit Salbeiblättern belegen und mit Speckstreifen umwickeln. Speck mit Holzspießchen feststecken.
Butter in einer Pfanne erhitzen. Putenschnitzel darin bei mittlerer Hitze pro Seite 3-4 Minuten braten.
Joghurt mit Crème fraîche und restlicher Marinade verrühren. Mit Salz und Pfeffer abschmecken. Joghurt-Honig-Dip getrennt zu den Putenschnitzeln reichen.

BEILAGE
Knusprig aufgebackenes Baguette und Möhrengemüse.

CAPTAIN'S DINNER

GEFÜLLTE SCHWEINEFILETS
(4 Personen)

600 g dickes Schweinefilet
1 säuerlicher Apfel
1 EL gehackte Mandeln
1 TL Semmelbrösel
je 1 Prise Zucker,
Zimt und Knoblauchpulver
Salz, Pfeffer
2 EL Öl
1 Becher (125 g) Crème fraîche

Schweinefilet in 8 gleich große Scheiben schneiden. In jede Scheibe mit einem scharfen Messer quer eine Tasche schneiden.
Apfel schälen, vierteln und entkernen. Apfelstücke auf einer Rohkostreibe grob raspeln und mit Mandeln und Semmelbröseln vermischen. Mit Zucker, Zimt und Knoblauchpulver pikant abschmecken.
Filets von innen und außen salzen und pfeffern. Apfel-Mandel-Masse in die Taschen füllen und mit Holzspießchen zusammenstecken.
Öl in einer Pfanne erhitzen und die Filets darin auf jeder Seite 1 Minute scharf anbraten. Hitze reduzieren und die Filets je nach Dicke weitere 3-5 Minuten pro Seite braten. Filets aus der Pfanne nehmen und warm stellen. Crème fraîche in den Bratensatz einrühren, aufkochen und mit Salz und Pfeffer abschmecken. Filets in der Sauce anrichten.

BEILAGE
Bandnudeln und Brokkoli.

MEIN TIP
Die Sauce bekommt eine besondere Note, wenn Sie sie mit einem Schuß Calvados oder trockenem Apfelwein (Cidre) ablöschen, bevor die Crème fraîche hinzugefügt wird.

LOUIS ARMSTRONG'S DA CAPO

FILETSTEAK MIT BAKED BEANS UND FRÜHSTÜCKSSPECK
(4 Personen)

4 Filetsteaks (à 200 g)
6 EL Bourbon Whiskey
$1/2$ TL Rauchsalz
schwarzer Pfeffer aus der Mühle
abgeriebene Schale von $1/2$ Zitrone (unbehandelt)
1 Prise Zucker
1 Dose (500 g) Baked Beans
4 EL Wasser
1 TL Majoran (getrocknet)
Salz
8 Scheiben Frühstücksspeck

Filetsteaks leicht flach klopfen. Whiskey, Rauchsalz, $1/2$ TL Pfeffer, Zitronenschale und Zucker verrühren. Filetsteaks in der Marinade ca. 30 Minuten durchziehen lassen. Baked Beans in einem Topf mit Wasser verrühren. Mit Majoran, Salz und Pfeffer würzen. Bohnen erhitzen.
Frühstücksspeck in einer beschichteten Pfanne knusprig auslassen. Speck auf Küchenpapier geben. Steaks trockentupfen und in dem Speckfett pro Seite 3-4 Minuten braten. Alles zusammen anrichten.

BEILAGE
Knusprig aufgebackenes Meterbrot und ein gemischter Blattsalat.

LOUIS ARMSTRONG'S DA CAPO

Louis Armstrong wurde in New Orleans, der Wiege der Jazz-Musik, geboren. Er schwärmte zeitlebens von köstlichen kreolischen Gerichten seiner Heimatstadt: von feurig-scharf gewürztem Reis und Bohnen, von saftigem Steak und rauchigem Whiskey. Seine Briefe unterschrieb er manchmal launig mit "Red beans and ricely yours L. A." Es war für mich ein großer Moment, als ich den großartigsten musikalischen Botschafter der Vereinigten Staaten in einem Restaurant in Schwarzenbek erlebte. Und was bestellte er zu essen? Filetsteak mit Baked Beans.

MATROSEN-SCHLEMMEREI

GEFÜLLTE SCHWEINESCHNITZEL
(4 Personen)

1 kleine Dose Sardellen
1 Bund Radieschen
1 Bund Petersilie
100 g gemischtes Hackfleisch
2 Eier
Salz, Pfeffer
4 nicht zu dünne Schweineschnitzel (vom Fleischer eine Tasche einschneiden lassen)
2 EL Mehl
6-8 EL Semmelbrösel
4 EL Butterschmalz

Sardellen wässern. Radieschen putzen, waschen und fein hacken. Petersilie abbrausen, trockenschütteln und hacken. Sardellen trockentupfen und ebenfalls hacken. Hackfleisch mit 1 Ei, Sardellen, Radieschen und Petersilie verkneten. Mit Salz und Pfeffer würzen.
Die Schweineschnitzel mit der Hackmasse füllen und mit Holzspießchen zustecken.
Schnitzel zuerst in Mehl, dann in dem restlichen verquirlten Ei und zuletzt in Semmelbröseln wenden. Butterschmalz in einer Pfanne erhitzen und die Schnitzel darin bei mittlerer Hitze von jeder Seite 5-6 Minuten braten.

BEILAGE
Salzkartoffeln und Möhren.
Möhren in Sherryrahm
500 g in Scheiben geschnittene Möhren in 1 EL Butter andünsten. ½ Glas trockenen Sherry angießen. Mit Salz und 1 Messerspitze Ingwerpulver abschmecken. Zugedeckt ca. 10 Minuten garen. Zum Schluß 3 EL Crème fraîche einrühren und erhitzen. Mit frisch gehackter Petersilie bestreuen.

LAMM À LA DEICHGRAF

LAMMKOTELETTS AUF RATATOUILLE
(4 Personen)

4 Zwiebeln
2 Knoblauchzehen
2 Zucchini
1 Aubergine
2 Paprikaschoten (rot und gelb)
4 Tomaten
4 EL Olivenöl
2 EL gehackter frischer Rosmarin
Salz, Pfeffer
4 doppelte Lammkoteletts
2 EL Butterschmalz

Zwiebeln und Knoblauch schälen, dann würfeln. Zucchini und Aubergine waschen und putzen. Zucchini in Scheiben schneiden. Aubergine längs halbieren und in Scheiben schneiden. Paprikaschoten vierteln, putzen und dabei die weißen Kernchen und Rippen entfernen. Paprika abspülen und klein schneiden. Tomaten 1-2 Minuten mit kochendem Wasser überbrühen, kalt abschrecken und häuten. Tomaten vierteln und entkernen.
Olivenöl erhitzen. Zwiebeln, Knoblauch und Paprika darin kurz anbraten. Zucchini, Auberginen und Rosmarin zufügen und mitschmoren. Salzen und pfeffern. Gemüse zugedeckt 10 Minuten dünsten. Zuletzt Tomaten zugeben.
Lammkoteletts salzen und pfeffern. Butterschmalz erhitzen. Lammkoteletts darin pro Seite 3-4 Minuten braten. Zusammen mit dem Gemüse anrichten.

MEIN TIP
Damit sich die Lammkoteletts beim Braten nicht wölben, die Fettkante mit einem scharfen Küchenmesser alle 2 cm einschneiden.

LAMM À LA DEICHGRAF
Deichgrafen waren einflußreiche und wohlhabende Leute. Einer der bekanntesten ist wohl der Schimmelreiter Hauke Hein aus der gleichnamigen Erzählung von Theodor Storm. Wenn Deichgrafen tafelten, dann nur vom Feinsten. Und was mundet besser als ein zartes aromatisches Stück Fleisch vom Deichlamm?!

4

PFANNKUCHEN
& PUFFER

Wende klar für meine Bestseller

Zugegeben, um Pfannkuchen in die Luft zu wirbeln, brauchen Sie etwas Übung. Wer's das erste Mal probiert, weiß, daß sie überall landen, nur nicht wieder in der Pfanne. Wer aber meine pikanten Pfannkuchen testet, muß mit Sicherheit kein Kochkünstler sein, denn die landen alle unter den Top Ten!

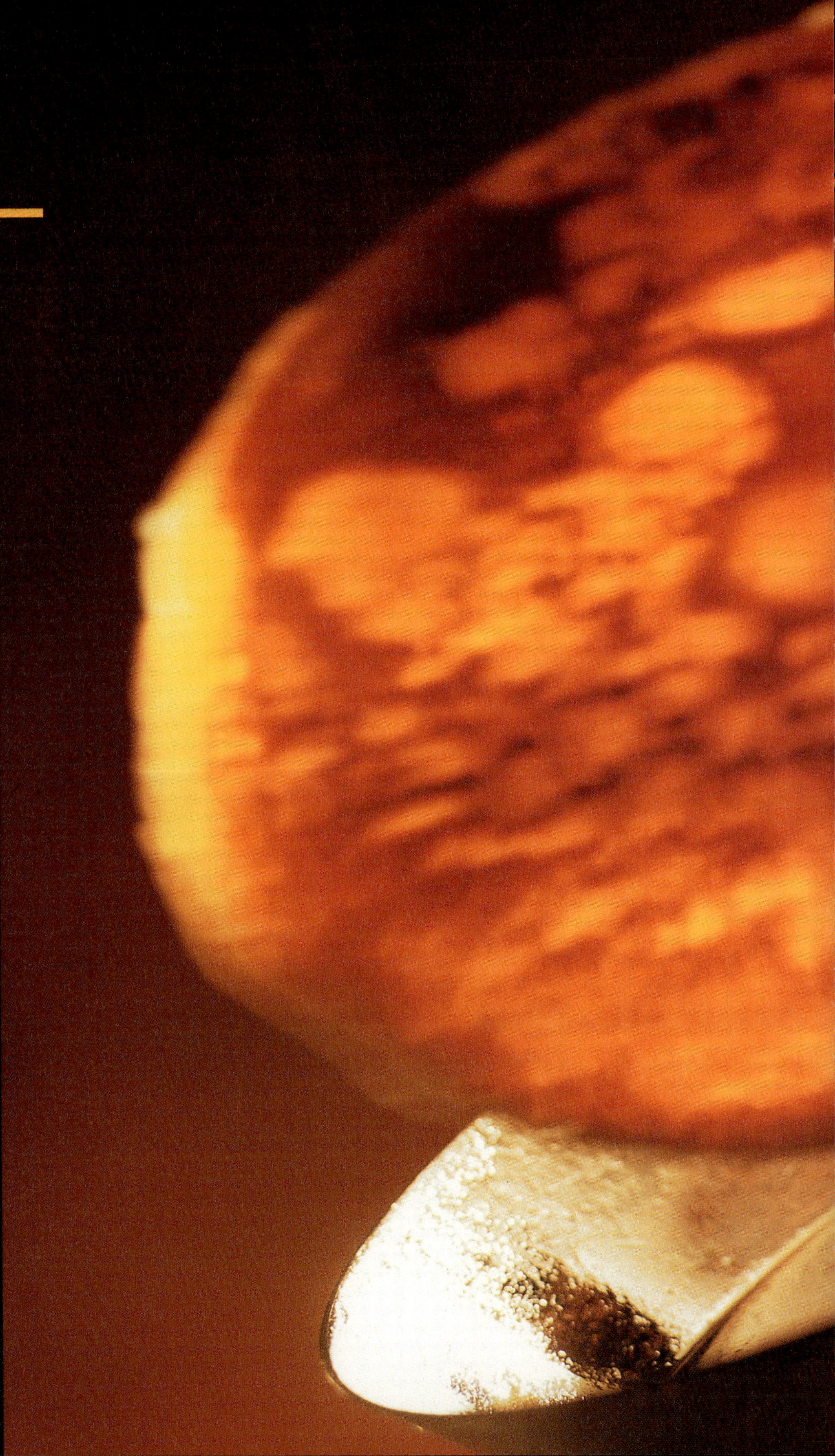

SCHAUERMANN MOKT FOFTEIN

RÄUCHERLACHS
AUF BLINI
(4 Personen)

Für die Blini:
100 g Buchweizenmehl
50 g Weizenmehl
1 gute Prise Salz
10 g frische Hefe
1/4 l lauwarme Milch
1 Prise Zucker
3 EL flüssige Butter
2 Eier, getrennt
Öl oder Butterschmalz
zum Backen
etwas flüssige Butter
zum Begießen der Blini
Außerdem:
4 Stiele Frühlingszwiebeln
1 Bund Schnittlauch
200 g Räucherlachs,
dünn geschnitten
1 Becher (125 g)
Crème fraîche

Beide Mehlsorten mit Salz in einer Schüssel mischen. Hefe in der Milch mit der Prise Zucker auflösen. Zum Mehl gießen. Butter und Eigelb zufügen und alles zu einem glatten Teig verarbeiten. Mit einem Geschirrtuch abdecken und an einem warmen Ort 30-40 Minuten gehen lassen, bis sich der Teig sichtlich vergrößert hat.

Eiweiß steif schlagen und unter den Teig heben. Fett in einer beschichteten Pfanne erhitzen. Mit einer kleinen Kelle Teigplätzchen hineinsetzen und von beiden Seiten goldbraun backen. Blini auf einer vorgewärmten Platte warm stellen. Frühlingszwiebeln putzen, waschen und schräg in dünne Scheiben schneiden. Schnittlauch abbrausen und trockenschütteln. In feine Röllchen schneiden.
Blini mit etwas flüssiger Butter bestreichen. Lachsscheiben darauf verteilen, mit Frühlingszwiebeln und Crème fraîche anrichten.
Mit Schnittlauch bestreut servieren.

MEIN TIP
Blini werden mit Buchweizenmehl gebacken und bekommen dadurch ihr typisches, leicht nussiges Aroma. Buchweizenmehl gibt's im Reformhaus oder größeren Supermarkt.

SCHAUERMANN MOKT FOFTEIN
„Foftein" ist im Hamburger Hafen das Wort für Pause. Auf Hochdeutsch heißt „foftein" fünfzehn, was aber nicht bedeutet, daß eine fünfzehnminütige Pause folgt. Vielmehr ist der Ausdruck auf folgende Weise entstanden: Die Fracht der Schiffe befand sich meist in Säcken, die von den Schauerleuten zum Entladen auf Hieven, heute Paletten, gepackt wurden. An einem Seil vom Kran zog man die Hieve heraus, nach der fünfzehnten Hieve wurde eine Pause gemacht. Der Tallymann zählte also laut: „twölf, dortein, veertein, foftein" – Pause.

UM DEN POLLER GEWICKELT

PFANNKUCHENROLLEN
MIT LEBERWURSTFÜLLUNG
(4 Personen)

125 g Mehl
1/4 l Milch
1/8 l Mineralwasser
4 Eier
Salz
300 g Kalbsleberwurst
2 EL Weinbrand
je 1 Bund Petersilie
und Schnittlauch
1 EL eingelegte grüne Pfefferkörner
1 Prise getrockneter Majoran
Butter zum Backen

Mehl mit Milch, Mineralwasser und Eiern sowie 1/2 TL Salz verrühren. Den Pfannkuchenteig 30 Minuten ausquellen lassen.
Kalbsleberwurst und Weinbrand verrühren. Kräuter abbrausen, trockenschütteln und fein schneiden. Pfefferkörner fein hacken. Kräuter, Pfeffer und Majoran unter die Leberwurstmasse mischen. Mit Salz abschmecken.
In etwas heißer Butter nacheinander 8 Pfannkuchen backen. Wurstmasse daraufstreichen und die Pfannkuchen aufrollen.
Bis alle Pfannkuchen fertig sind, die Pfannkuchen in den auf 50 Grad vorgeheizten Backofen schieben, damit sie schön heiß bleiben.

MEIN TIP
Wenn Kinder mitessen, besser eine Hälfte der Leberwurstmasse ohne Weinbrand und grüne Pfefferkörner zubereiten.

STRAMME JUNGS

GEMÜSEPUFFER MIT GRAVED LACHS
(4 Personen)

150 g Möhren
500 g Kartoffeln
500 g Zucchini
2 Eier
2 EL Mehl
Salz, Pfeffer
4 EL Öl
2 EL Butter
1 Becher (200 g) Schmand oder dicke saure Sahne
2 TL Meerrettich aus dem Glas
etwas Zitronensaft
1 Prise Zucker
200 g Graved Lachs (Scheiben)
Dillzweige zum Garnieren

Möhren und Kartoffeln schälen und waschen. Zucchini waschen und putzen. Kartoffeln und Gemüse auf einer Reibe grob raspeln, dann mit Eiern und Mehl verrühren. Die Masse kräftig mit Salz und Pfeffer würzen.

Öl in einer großen Pfanne erhitzen. Butter zufügen. Mit zwei Eßlöffeln kleine Gemüsehäufchen ins heiße Fett geben und diese etwas flach streichen. Puffer von beiden Seiten knusprig braun backen. Puffer auf einer vorgewärmten Platte warm stellen.

Schmand mit Meerrettich verrühren. Mit Salz, Pfeffer, Zitronensaft und Zucker pikant abschmecken.

Lachsscheiben mit Meerrettich-Schmand aufrollen. Zusammen mit den Gemüsepuffern anrichten und mit Dillzweigen garniert servieren.

SCHÄTZE DER NORDMEERE

KARTOFFELPUFFER
MIT KAVIAR
(3 Personen)

1 mittelgroße Zwiebel
500 g Kartoffeln
1 Ei
1 EL Semmelbrösel
2 EL Speisestärke
Salz, Pfeffer
Öl zum Backen
1 Becher (125 g) Crème fraîche
50 g Forellen- oder Lachskaviar

Zwiebel schälen und fein würfeln. Kartoffeln schälen, waschen und auf einer Reibe grob raspeln.
Kartoffeln mit Zwiebel, Ei, Semmelbröseln und Speisestärke vermischen. Mit Salz und Pfeffer würzen. Öl in einer beschichteten Pfanne erhitzen. Mit zwei Eßlöffeln kleine Kartoffelhäufchen hineinsetzen und diese etwas flach drücken. Puffer von beiden Seiten goldbraun backen. Auf Küchenpapier abtropfen lassen. Mit Crème fraîche und Kaviar dekorativ anrichten.

MEIN TIP

Wer keinen Kaviar mag, gibt feingewürfeltes hartgekochtes Ei und feingeschnittene Frühlingszwiebeln auf die Kartoffelpuffer.

ANNE BONNY SCHLÄGT ZU

MAISPFANNKUCHEN
MIT GARNELEN
(4 Personen)

375 g Maiskörner aus der Dose
1 Stange Staudensellerie
1 mittelgroße Zwiebel
1 Knoblauchzehe
125 g Weizenmehl
125 g Reismehl
1/4 TL Backpulver
1/2 TL Salz
1 TL gemahlener Koriander
1/2 TL gemahlener Kreuzkümmel
1/2 TL Chilipulver
1 Ei
etwa 1/8 l Wasser
100 g Tiefseekrabbenfleisch
etwas Zitronensaft
Öl zum Backen

Maiskörner auf einem Sieb abtropfen lassen. Staudensellerie waschen, putzen und fein schneiden. Zwiebel und Knoblauch schälen und würfeln.
Beide Mehlsorten mit Backpulver und den Gewürzen in einer Schüssel mischen. Verschlagenes Ei und Wasser darunterrühren. Mais, Staudensellerie, Zwiebel, Knoblauch und Krabben zufügen und unter den Teig mischen. Mit Zitronensaft abschmecken.
Reichlich Öl in einer großen, tiefen Pfanne erhitzen. In das heiße Öl gehäufte Eßlöffel Teig geben, diese mit dem Löffelrücken zu runden Plätzchen von etwa 5 cm Durchmesser auseinanderstreichen. Die Pfannkuchen auf jeder Seite goldbraun backen. Auf einem mit Küchenpapier belegten Drahtgitter kurz abtropfen lassen.

MEIN TIP

Das Reismehl kann man durch Weizenmehl ersetzen. Reismehl macht die Pfannkuchen allerdings knuspriger.

ANNE BONNY SCHLÄGT ZU

*Wer sagt's denn,
daß die emanzipierte Frau
eine Erscheinung
des 20. Jahrhunderts ist?
Zu Störtebekers Zeiten
soll es eine Seeräuberin in der
Büsumer Gegend gegeben
haben, die eine verwegene Crew
um sich geschart hatte
und mit den männlichen
Besatzungen der ausgeraubten
Schiffe gar nicht zimperlich
umgegangen sein soll.
Im Büsumer Hafen erzählt
man sich mit Augenzwinkern
so manches verwegene
Histörchen, und ein altes
Schiff, umgebaut zur Kneipe,
erinnert an die Piratin
ANNE BONNY.*

HALLIG IM MEER

PFANNKUCHENTORTE
(4 Personen)

250 g Mehl
1 Prise Salz
1 Prise frisch geriebene Muskatnuß
3/8 l Milch
4 Eier
2 Bund Schnittlauch
Öl zum Backen
Für die Füllung:
2 Mozzarellakugeln
150 g gekochter Schinken in Scheiben
Salz, weißer Pfeffer aus der Mühle
4 EL geriebener Parmesan
4 EL Crème fraîche

Mehl mit Salz und Muskat in einer Schüssel mischen. Milch und Eier darunterrühren. Pfannkuchenteig gut 30 Minuten ausquellen lassen.
Für die Füllung Mozzarella in Scheiben, Schinken in schmale Streifen schneiden. Schnittlauch abbrausen, trockenschütteln und in feine Röllchen schneiden. Schnittlauch unter den Pfannkuchenteig rühren.
In einer beschichteten Pfanne etwas Öl erhitzen und darin 8 mittelgroße, dicke Pfannkuchen von beiden Seiten goldbraun backen.
Mozzarella und Schinkenstreifen auf den Pfannkuchen verteilen. Mit Salz und Pfeffer würzen. Pfannkuchen auf einem Teller oder in einer feuerfesten Form zu einer Torte aufeinandersetzen.
Parmesan und Crème fraîche verrühren. Den obersten Pfannkuchen damit bestreichen. Im vorgeheizten Backofen bei 220 Grad (Umluft: 190-200 Grad/Gas: Stufe 3-4) goldbraun überbacken. Torte in Stücke schneiden und mit der Tomatensauce (siehe Beilage) servieren.

BEILAGE

Schnelle Tomatensauce
700 g reife Tomaten klein schneiden und durch ein Sieb in einen Topf streichen. 2 EL Tomatenmark darunterrühren.
1 Zwiebel in die Sauce reiben. Sauce erhitzen. Mit Salz, Pfeffer und einer Prise Zucker abschmecken. 2 EL feingeschnittene Petersilie und 6 EL Schlagsahne zum Schluß darunterrühren.

DAS IST DIE LIEBE DER MATROSEN

SAUERKRAUT-
KARTOFFEL-PUFFER
(2 Personen)

500 g Kartoffeln
250 g Sauerkraut
1 Zwiebel
1 Ei
3-4 TL Kartoffelmehl
Salz, Pfeffer
Butterschmalz zum Braten

Kartoffeln schälen, waschen und reiben. Sauerkraut leicht ausdrücken und klein schneiden. Zwiebel schälen und würfeln. Kartoffeln mit Sauerkraut, Zwiebel, Ei, Kartoffelmehl, Salz und Pfeffer vermengen.
Butterschmalz in einer beschichteten Pfanne erhitzen. Mit zwei Eßlöffeln kleine Häufchen ins Fett setzen, flach drücken und die Sauerkrautpuffer von beiden Seiten knusprig backen.

BEILAGE

Rostbratwürstchen mit Speck. Dazu feingewürfelten Speck in einer Pfanne knusprig auslassen. Speck herausnehmen und die Würstchen im Speckfett braun braten. Würstchen und Speck auf den Sauerkrautpuffern anrichten.

DAS IST DIE LIEBE DER MATROSEN –
daß sie natürlich in jedem Hafen eine andere haben. In der Vorstellung vieler Binnenländler wird der Seemann, wenn das Schiff in See sticht, von einer Braut zum Kai gebracht und im nächsten Hafen von einer anderen liebevoll empfangen. So viel Liebe wird aber sicher nicht jedem Seemann beschieden sein. All die mögen sich mit dem Wort von George Bernard Shaw trösten: „Es gibt keine ehrlichere Liebe als die Liebe zur Nahrung!"

TOLLE SACHE BEI DER WACHE

PIZZAPFANNKUCHEN
(2 Personen)

4 Eier
50 g Mehl
100 ml Milch (etwa 1/2 Tasse)
1/2 TL Salz
je 1/2 grüne und rote Paprikaschote
2 feste Tomaten
1 Zwiebel
50 g Frühstücksspeck in Scheiben
2-3 EL Butterschmalz oder Öl
50 g Salamischeiben
Oregano oder Basilikum
und einige Oliven zum Garnieren

Eier mit Mehl, Milch und Salz verrühren. Den Teig einige Minuten ausquellen lassen.
Paprikaschoten putzen, waschen und in Streifen schneiden. Tomaten waschen und in Scheiben schneiden. Zwiebel schälen und in Ringe schneiden. Frühstücksspeck in Stücke schneiden.
Die Hälfte Fett in einer großen Pfanne erhitzen. Die Hälfte Salami, Speck, Paprika, Tomaten und Zwiebeln darin kurz anbraten. Die Hälfte des Pfannkuchenteiges daraufgeben und glattstreichen. Deckel auflegen. Den Pfannkuchen bei geringer Hitze ca. 5 Minuten stocken lassen. Zweiten Pfannkuchen ebenso backen.
Pizzapfannkuchen auf einen Teller gleiten lassen. Mit Oregano oder Basilikum und einigen Oliven garniert servieren.

BEILAGE

Dazu schmeckt ein gemischter Blattsalat mit Kräuter-Vinaigrette und Knoblauch-Croûtons.

HAMBURGER VEERMASTER

SPINATPFANNKUCHEN
(4 Personen)

1 Zwiebel
4 EL Butter
3 Packungen (à 300 g) tiefgefrorener Blattspinat
2-3 EL Semmelbrösel
Salz, Pfeffer
1 Prise frisch geriebene Muskatnuß
250 g Mehl
3/8 l Milch
3 Eier, getrennt
16 Scheiben magerer geräucherter Speck (etwa 200 g)
100 g mittelalter Gouda

Zwiebel schälen und würfeln. In einem großen Topf 2 EL Butter erhitzen. Zwiebeln darin glasig dünsten. Tiefgefrorenen Spinat zufügen und bei mittlerer Hitze mit geschlossenem Deckel auftauen lassen. Flüssigkeit mit Semmelbröseln binden. Spinat mit Salz, Pfeffer und Muskatnuß abschmecken.
Mehl mit Milch und Eigelb verrühren. Eiweiß steif schlagen, dabei eine gute Prise Salz zufügen. Eischnee vorsichtig unter den Pfannkuchenteig heben.
Je zwei Speckscheiben in etwas Butter anbraten. 1/8 Pfannkuchenteig darübergeben und von beiden Seiten goldbraun braten. Pfannkuchen warm stellen. Auf die gleiche Weise 7 weitere Pfannkuchen backen.
Gouda reiben und unter den heißen Spinat rühren. Die Pfannkuchen mit Spinat füllen und servieren.

MEIN TIP
Die tiefgefrorenen Spinatblöcke während des Auftauens im Topf ab und zu wenden.

HAMBURGER VEERMASTER
Ick heff mol een Hamborger
Veermaster sehn,
to my hooday, to my hooday!
De Masten so scheef
as den Schipper sin Been,
to my hooday, hooday, ho!
Blow, boys, blow,
for Californio,
there is plenty of gold,
so I've been told,
on the banks of Sacramento.

Dat Deck weer von Isen,
vull Schiet und vull Smeer,
to my hooday, to my hooday!
dat weer die Schietgäng
der schönstes Pläseer,
as den Schipper sin Been,
to my hooday, hooday, ho!
Blow, boys, blow,
for Californio,
there is plenty of gold,
so I've been told,
on the banks of Sacramento.

ARNO'S AARGAUER RÖSTI

KRÄUTERRÖSTI
MIT SCHINKEN
(4 Personen)

1 kg Kartoffeln, festkochend
Salz
1 Bund Petersilie
1/2 Bund Majoran
50 g Schinkenspeck
4 EL Butterschmalz

Kartoffeln am Vortag gründlich waschen und mit Schale in Salzwasser 20-25 Minuten kochen. Kartoffeln abgießen, pellen und über Nacht abgedeckt kühl stellen. Kräuter abbrausen und trockenschütteln, danach fein hacken. Schinkenspeck würfeln.
Kartoffeln grob raffeln, salzen und mit den Kräutern mischen. Etwas Butterschmalz in einer Pfanne erhitzen und die Speckwürfel darin glasig dünsten. 3/4 der Speckwürfel auf einen Teller geben. Etwas Butterschmalz in der Pfanne erhitzen und 1/4 der Kartoffeln zum Speck geben. Kartoffeln zu einem Kuchen zusammenschieben. Bei mäßiger Hitze Unterseite goldbraun backen. Rösti wenden und die zweite Seite ebenfalls goldbraun backen. Auf diese Weise drei weitere Rösti zubereiten.

BEILAGE
Dazu reiche ich gerne einen frischen Salat und verschieden fein gewürzte Quarkzubereitungen, die es fix und fertig zu kaufen gibt. Sie haben die Wahl zwischen aromatisch mildem Frühlingsquark und den würzigen Sorten mit Paprika, grünem Pfeffer, Meerrettich und Knoblauch sowie Tzatzikiquark.

5

RAFFINIERTES
AUS FERNEN LÄNDERN

Neues aus der Kombüse

Für mich gibt's nichts Spannenderes, als auf Reisen in fremden Küchen zu schnuppern und auf Märkten zu stöbern, exotische Gemüse und Früchte, neue Gewürze und aromatische Kräuter kennen und schmecken zu lernen. Begleiten Sie mich auf eine kleine kulinarische Entdeckungsreise, auf der Sie nicht nur der Wunderpfanne Asiens, dem Wok, begegnen werden.

SWINGING BUKAREST

Vom Rundfunk Bukarest wurde ich als Sängerin zu der Schallplatten-Produktion „Bei mir bist Du schön" mit vielen weltbekannten Swing-Evergreens eingeladen. Begeistert war ich nicht nur von der Big-Band, die zum größten Teil aus Zigeunern bestand, die ja bekanntlich hinreißend jazzen können. Begeistert war ich auch von der rumänischen Küche. Eine ganz besondere Komposition ist Fischfilet mit Quarksauce.

SWINGING BUKAREST

FISCHFILET „RUMÄNIA"
(4 Personen)

4 Fischfilets (à 200 g),
z. B. Rotbarsch-, Seelachs- oder Lengfischfilet
Saft von 1/2 Zitrone
Salz, Pfeffer
2 EL Mehl
40 g Butter
4 EL blättrig geschnittene Champignons aus der Dose
1 großes Stück eingelegter Tomatenpaprika
100 g schlesische Gurken aus dem Glas
6 eingelegte Perlzwiebeln
1 Becher (250 g) Sahnequark
1/8 l Milch
1 Eigelb
1 Prise Zucker
Senf
Worcestershiresauce
2 EL Schnittlauchröllchen

Fischfilets waschen, trockentupfen und mit Zitronensaft beträufeln. Fisch salzen, pfeffern und in Mehl wenden.
Butter in einer Pfanne erhitzen und die Fischfilets bei mittlerer Hitze pro Seite ca. 5 Minuten braten.
Champignons, Tomatenpaprika, Gurke und Perlzwiebeln fein hacken. Quark mit Milch und Eigelb verrühren. Gemüse darunterrühren. Mit Salz, Pfeffer, Zucker, Senf und Worcestershiresauce abschmecken.
Fischfilets auf einer vorgewärmten Platte anrichten und die Quarkmasse darübergeben. Mit Schnittlauch bestreut servieren.

BEILAGE

Salzkartoffeln und Feldsalat.

MEIN TIP

Geschmacksvariationen bieten fertige Quarksorten mit frischen Kräutern, grünem Pfeffer, scharfem Meerrettich oder würzigem Knoblauch.

PAELLA KOLUMBUS

*Pfeffer oder Paprika?
Pfeffer wurde auf einem beschwerlichen Weg aus Indien importiert, und als Kolumbus einen neuen Weg dorthin suchte, entdeckte er Amerika. Die Paprikaschoten, die er dort fand, hielt er daher für Pfefferschoten. Von der Entdeckung Amerikas wußte er ja noch nichts. Er glaubte, er sei dort gelandet, „wo der Pfeffer wächst". Cayennepfeffer ist kein Pfeffer, sondern ein Gewürz aus Früchten der Paprika-Familie: Ist erst einmal etwas falsch verbreitet, ist es schwer wieder zu berichtigen.*

PAELLA KOLUMBUS

PAELLA MIT HÄHNCHEN UND MEERESFRÜCHTEN
(6 Personen)

1 Brathähnchen
Salz, Pfeffer
8 EL Olivenöl
2 Zwiebeln
4 Knoblauchzehen
300 g Langkornreis
je 1 rote und grüne Paprikaschote
$^3/_4$ l klare Brühe (Instant)
2 Messerspitzen Safran
400 g Seelachsfilet
150 g tiefgefrorene Erbsen
10 rohe Shrimps
(tiefgefroren mit Schale)
300 g Muscheln
(frische oder aus der Dose)
2 Glas Weißwein
1 EL gehackte Petersilie
Zitrone zum Garnieren

Brathähnchen waschen, trockentupfen und in 8 Portionsstücke teilen. Fleisch salzen und pfeffern. 4 EL Öl in einer großen tiefen Pfanne erhitzen und die Hähnchenteile darin ringsum anbraten. Fleisch aus der Pfanne nehmen.
Zwiebeln und Knoblauch schälen und würfeln. Restliches Öl in die Pfanne geben. Zwiebeln und Knoblauch darin glasig dünsten. Reis einstreuen und unter gelegentlichem Rühren bei niedriger Hitze glasig werden lassen.
Paprikaschoten vierteln, putzen und dabei die weißen Kernchen und Rippen entfernen. Paprika abspülen und würfeln. Zum Reis geben und kurz durchschmoren. Brühe angießen und den Safran daruntermischen. Zugedeckt bei milder Hitze ca. 15 Minuten garen. Dabei gelegentlich umrühren.
Seelachs abspülen, trockentupfen und in Würfel schneiden. Mit Salz und Pfeffer würzen. Reis mit Salz und Pfeffer abschmecken und in eine Paellapfanne geben. Hähnchenteile und Seelachs daruntermischen. Erbsen, Shrimps und Muscheln darauf verteilen. Wein darübergießen. Pfanne mit Alufolie abdecken und alles im Backofen bei 180 Grad (Umluft: 160 Grad/Gas: Stufe 2) 20-25 Minuten garen.
Mit Petersilie bestreuen und mit Zitronenspalten garnieren.

MEIN TIP

Die Zutaten der Paella können Sie ganz nach Ihrem Geschmack verändern: mit kleingewürfeltem Schweinefleisch oder Kaninchen, Tintenfisch, Langustinos oder Krabben. Die Zubereitung ist immer gleich.

SOUVENIR AUS CHINATOWN

GARNELEN
IN CHILISAUCE
(4 Personen)

150 g Basmatireis
Salz
500 g rohe Garnelen (küchenfertig)
5 Knoblauchzehen
1 Bund Frühlingszwiebeln
2 Tomaten
3 große Stiele frischer Koriander
5 EL Öl
50 g Erdnüsse (ungesalzen)
2 EL Sojasauce
1 EL Fischsauce (Asienladen)
2 EL Tomatenketchup
1 TL brauner Zucker
1/2 Salatgurke

Reis in leicht gesalzenem Wasser 15-20 Minuten köcheln.
Garnelen abspülen und trockentupfen. Knoblauch schälen und hacken. Frühlingszwiebeln putzen, waschen und schräg in Scheiben schneiden. Tomaten waschen und achteln. Koriander abbrausen, trockenschütteln und hacken. Etwas zum Garnieren abnehmen.
Wok ohne Fett erhitzen, erst dann das Öl hineingeben. Knoblauch darin bei mittlerer Hitze goldgelb anbraten. Knoblauch an den Rand schieben. Garnelen ins Bratfett geben und unter Rühren 3 Minuten braten. Garnelen ebenfalls an den Rand schieben. Die übrigen Zutaten (bis auf das Gemüse) in den Wok geben und kurz verrühren. Reis abgießen und abtropfen lassen. Frühlingszwiebeln und Tomaten kurz in der Würzsauce anschmoren, dann den Reis zufügen und alles gut vermischen.
Gurke waschen und in dicke Scheiben schneiden, auf Tellern anrichten. Reis daraufgeben und mit dem restlichen Koriander bestreuen.

MEIN TIP

Wenn Sie keinen frischen Koriander bekommen, nehmen Sie Kerbel, Dill oder Petersilie.

SOUVENIR AUS CHINA

Bei meinem letzten Londonbesuch bummelte ich natürlich durch den Stadtteil Chinatown/Soho.
Plötzlich war ich in einer anderen Welt, ich fühlte mich nach Asien versetzt.
Chinesische Straßenschilder, chinesische Aufschriften an den Häusern, fremde Gerüche und ein tolles Angebot an Lebensmitteln - alles superfrisch.
In den chinesischen Kaufhäusern führte mich mein Weg sofort in die Küchenabteilung. Da stapeln sich die Woks in allen erdenklichen Größen bis unter die Decke.
Aus diesem „pfann-tastischen" Angebot habe ich mir natürlich als Souvenir einen Wok mitgebracht.

MEMORIES OF ABERDEEN

GESCHNETZELTE HÄHNCHENBRUST MIT ANANAS
(2 Personen)

400 g Hähnchenbrustfilets
Salz, Pfeffer
1 EL Speisestärke
200 g Staudensellerie
100 g Ananas (aus der Dose)
3-4 EL Sojaöl
5 EL Ananassaft (Dose)
1 EL Sojasauce, süß
1 EL Sojasauce, salzig

Hähnchenbrust abspülen, trockentupfen und in Streifen schneiden. Salzen und pfeffern. Fleisch in Speisestärke wenden.
Sellerie putzen und waschen. Sellerie und Ananas in Stücke schneiden.
Wok ohne Fett erhitzen, erst dann das Öl hineingeben. Fleisch darin unter Rühren anbraten. Fleisch an den Rand schieben. Eventuell noch etwas Öl angießen. Sellerie und Ananas zufügen und kurz anbraten. Ananassaft und Sojasaucen angießen, mischen und 5 Minuten durchziehen lassen.

BEILAGE
Körnig gekochter Reis.

MIT 16 KNOTEN DURCH DEN SUEZ

SEEAAL EXOTISCH
(4 Personen)

800 g Seeaal (in Portionsstücken)
Saft von 1 Zitrone
1 daumengroßes Stück Ingwer
2 Möhren
2 Stangen Porree (Lauch)
Salz, Pfeffer
50 g Butter
200 ml klare Brühe (Instant)
1 EL Honig
1 EL Sojasauce

Seeaal waschen, trockentupfen und mit Zitronensaft beträufeln.
Ingwer schälen und fein würfeln. Möhren schälen und waschen. Porree putzen und gründlich waschen. Möhren und Porree in feine Streifen schneiden. Seeaal salzen und pfeffern. Butter in einer großen, tiefen Pfanne erhitzen und den Fisch darin anbraten. Ingwer, Möhren und Porree zufügen. Alles vorsichtig mischen und kräftig würzen. Brühe angießen und alles zugedeckt 8-10 Minuten dünsten. Mit Honig und Sojasauce abschmecken.

BEILAGE
In Butter gebratener Reis, den Sie mit etwas feingehackter Minze und gehackten Mandeln verfeinern können.

GRÜSSE AUS HONGKONG

HÄHNCHENBRUST
MIT CASHEWKERNEN
(2 Personen)

400 g Hähnchenbrustfilets
3 EL Sojasauce, süß
3 EL Sojasauce, salzig
2 EL trockener Weißwein
2 Stangen Porree (Lauch)
2-3 EL Öl
2 EL Cashewkerne
weißer Pfeffer aus der Mühle

Hähnchenbrust abspülen, trockentupfen und in feine Streifen schneiden. Sojasaucen und Weißwein verrühren. Über das Fleisch gießen und 1 Stunde marinieren.
Porree putzen, waschen und in dünne Ringe schneiden. Nochmals waschen und abtropfen lassen.
Fleisch aus der Marinade nehmen und in einem Sieb abtropfen lassen. Marinade auffangen.
Wok ohne Fett erhitzen, erst dann das Öl hineingeben. Cashewkerne darin goldbraun rösten und herausnehmen. Fleisch ins heiße Fett geben und unter Rühren anbraten. Fleisch an den Rand schieben. Porree ins Bratfett geben, eventuell noch etwas Öl zufügen. Porree kurz anbraten. Marinade angießen und alles bei schwacher Hitze einige Minuten erhitzen. Mit Pfeffer würzen. Cashewkerne darüberstreuen.

BEILAGE
Körnig gekochter Reis.

ZUM ROTEN LAMPION

NASI GORENG
(4 Personen)

400 g Schweine- oder Rinderfilet
8 EL Sojasauce
1-2 TL Sambal Oelek
2 TL Speisestärke
1 Tasse chinesische getrocknete Ohrenpilze
2 Tassen Langkornreis
Salz
1 Stange Porree (Lauch)
je 1 rote und grüne Paprikaschote
1/2 Gemüsezwiebel
4 Knoblauchzehen
1/2 Dose (150 g) Bambusstreifen
1/2 Glas (150 g) Sojakeime
1/2 Dose (200 g) Wasserkastanien
4 EL Öl
150-200 ml klare Brühe (Instant)
1 Scheibe (125 g) gekochter Schinken

Fleisch in kleine Würfel schneiden und in eine Schüssel geben. 4 EL Sojasauce darübergießen und 2 Stunden durchziehen lassen. Dann restliche Sojasauce, Sambal Oelek und Speisestärke verrühren und das Fleisch damit vermengen. 1 Stunde durchziehen lassen.
Ohrenpilze mit kochendem Wasser überbrühen und 30 Minuten quellen lassen.
Reis in leicht gesalzenem Wasser ca. 15 Minuten garen.
Porree putzen, waschen und in Streifen schneiden. Paprika vierteln, putzen und dabei die weißen Kernchen und Rippen entfernen. Paprika abspülen und würfeln. Zwiebel und Knoblauch schälen und fein würfeln. Bambus, Sojakeime und Wasserkastanien auf einem Sieb abtropfen lassen. Ohrenpilze abgießen und in Streifen schneiden.
Wok erst ohne Fett erhitzen, dann erst 2 EL Öl hineingeben. Paprika unter Rühren kurz darin anbraten. Paprika an den Rand schieben. Zwiebeln, Knoblauch, Porree und Ohrenpilze ins Bratfett geben und kurz andünsten. Zutaten an den Rand schieben. Restliches Öl in den Wok geben und erhitzen. Fleisch hineingeben und unter Rühren 2-3 Minuten braten.
Reis abgießen. Zusammen mit Bambus, Sojakeimen und Wasserkastanien in den Wok geben und mischen. Brühe angießen und alles erhitzen. Nochmals abschmecken. Schinken würfeln und zum Schluß über das Nasi Goreng geben.

GEMIXTES VON DER NIXE

BUNTE GARNELEN-GEMÜSE-PFANNE MIT RAVIOLI
(4 Personen)

200 g tiefgefrorene Garnelen (gekocht, ohne Schale)
2 Packungen (à 250 g) Ravioli mit Käsefüllung
Salz
400 g Möhren
4 Tomaten
3 Knoblauchzehen
3 EL Öl
200 g tiefgefrorene Erbsen
weißer Pfeffer aus der Mühle
40 g Butter
1 Topf Basilikum
1 Becher (125 g) Crème fraîche

Garnelen in einem Sieb auftauen lassen. Ravioli in reichlich leicht gesalzenem Wasser bißfest kochen, abgießen, abschrecken, gut abtropfen lassen. Möhren schälen, waschen und in feine Stifte schneiden. Tomaten kreuzweise einritzen, mit kochendem Wasser überbrühen, kalt abschrecken und häuten. Tomaten vierteln, entkernen und grob würfeln. Knoblauch schälen.
Öl in einer großen tiefen Pfanne erhitzen. Knoblauch durch eine Knoblauchpresse dazudrücken. Die Möhrenstifte darin zugedeckt 10 Minuten dünsten. Erbsen letzte 5 Minuten mitdünsten.
Garnelen trockentupfen und unter das Gemüse mischen. Mit Salz und Pfeffer würzen. Butter einrühren, schmelzen lassen. Ravioli und Tomatenwürfel zufügen und alles unter vorsichtigem Rühren ca. 5 Minuten leicht durchschmoren.
Basilikum abschneiden, abbrausen, trockenschütteln und fein hacken. Zusammen mit der Crème fraîche unterziehen und erhitzen.

PAPARAZZI'S FAIBLE

KALBSSCHNITZEL IN MARSALA
(2 Personen)

4 kleine Kalbsschnitzel
etwa 1 EL Mehl
Salz, Pfeffer
50 g Butter
1/8 l Marsalawein
6-8 EL Kalbsfond
(aus dem Glas oder klare Brühe)

Kalbsschnitzel etwas flach klopfen. Mehl mit Salz und Pfeffer mischen. Kalbsschnitzel darin wenden. Überschüssiges Mehl abklopfen.
20 g Butter in einer beschichteten Pfanne erhitzen und die Kalbsschnitzel darin pro Seite ca. 4 Minuten braten. Kalbsschnitzel warm stellen.
Bratensatz mit Marsala und Kalbsfond ablöschen und etwas einkochen lassen. Pfanne von der Kochstelle ziehen. Zum Binden der Sauce die restliche Butter in kleinen Stückchen darunterrühren. Mit Salz und Pfeffer abschmecken. Sauce über die Schnitzel geben.

BEILAGE
Knuspriges Baguette und Blattspinat oder Spargel.

MEIN TIP
Saucen, die mit Butter gebunden werden, dürfen nicht mehr kochen. Die Butter muß unbedingt kalt sein und wird mit einem Schneebesen daruntergerührt.

DRACHE DER DRACHEN

GESCHNETZELTES RUMPSTEAK MIT PAPRIKA
(2 Personen)

250 g Rumpsteak
1 EL Reiswein
3 EL Sojasauce
1 TL Zucker
2 TL Speisestärke
2 große grüne Paprikaschoten
1 haselnußgroßes Stück frische Ingwerwurzel
4-5 EL Erdnußöl
eventuell etwas klare Brühe
Salz, Pfeffer

Vom Rumpsteak das Fett abschneiden. Rumpsteak der Länge nach in 3 cm breite Streifen schneiden, diese dann quer in 1/2 cm dicke Scheiben schneiden.
Reiswein, Sojasauce, Zucker und Speisestärke verrühren. Das Fleisch darin 2-3 Stunden marinieren.
Paprikaschoten vierteln, putzen und dabei die weißen Kernchen und Rippen entfernen. Paprika abspülen und in kleine Stücke schneiden. Ingwer schälen und in dünne Scheiben schneiden.
Wok ohne Fett erhitzen, erst dann 2-3 EL Öl hineingeben. Das Fleisch darin portionsweise unter Rühren anbraten. Gebratenes Fleisch am Wokrand hochschieben. 1-2 EL Öl zugeben und erhitzen. Paprika und Ingwer darin 1-2 Minuten anbraten. Alles mischen. Nach Belieben etwas Brühe angießen und noch 1-2 Minuten durchziehen lassen. Mit Salz und Pfeffer abschmecken.

BEILAGE
Körnig gekochter Reis und Mango-Chutney.

6

AUS RESTEN
GEZAUBERT

Just for „Pfann"

Ein Ei, ein Stück Wurst, ein Rest Nudeln - Ebbe im Kühlschrank. Dann nichts wie ran an die Pfanne: Nudeln und Wurst anbraten, das Ei in die „Pfanne gehau'n" – und ruckzuck ist ein delikates Essen fertig. Mit einer Prise Phantasie läßt sich auch aus dem kleinsten Rest etwas Tolles zaubern, was dazu auch noch prima schmeckt!

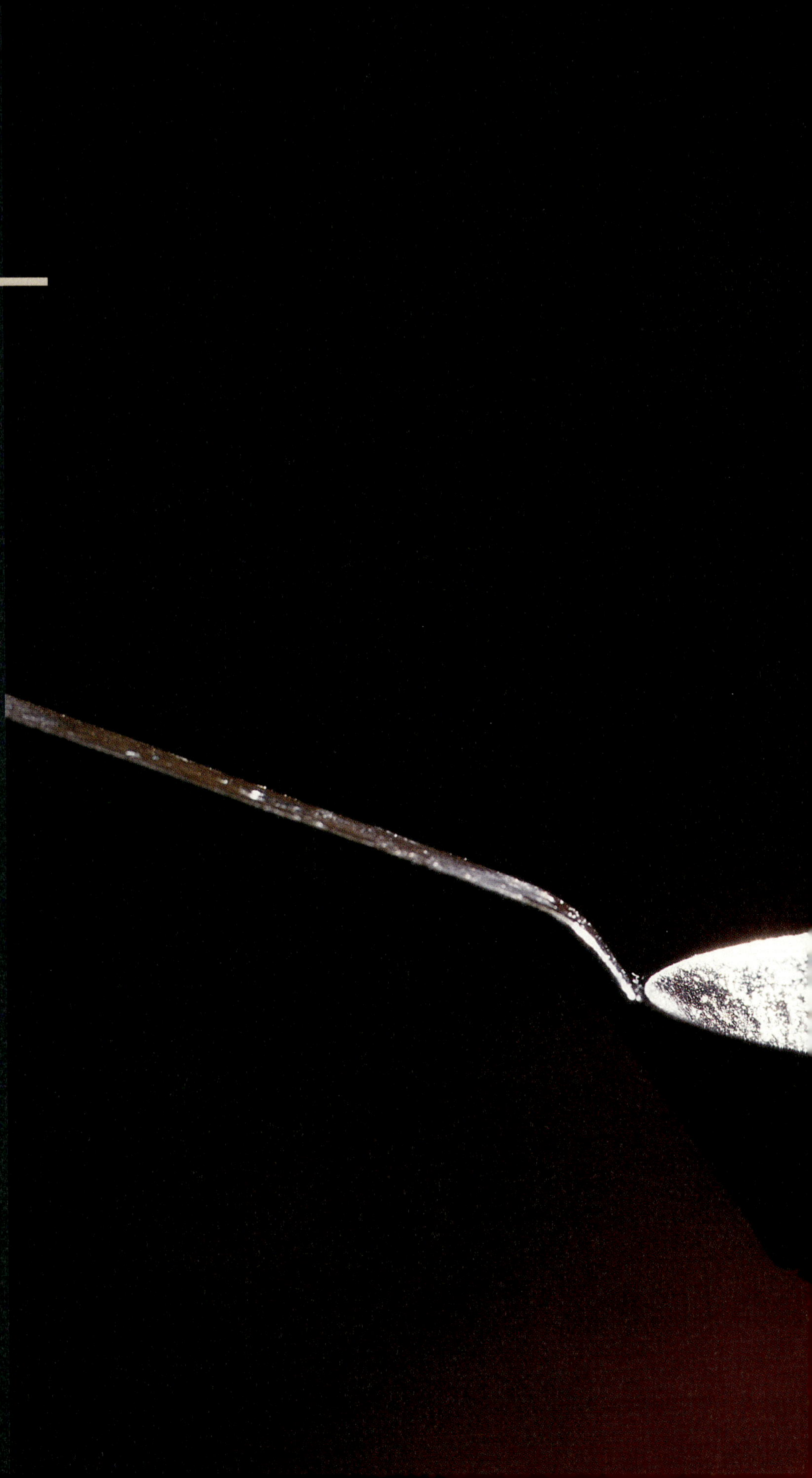

FAIR PLAY

In jedem Hafen gibt es eine ganze Flotte von PS-starken Schleppern, die die großen Schiffe an den richtigen Platz ziehen oder bugsieren, wie es heißt.
„Fair play" ist in dieser Branche so gut wie ein Fremdwort.
Mit allen unerlaubten Tricks wird versucht, die Konkurrenz auszubooten.
Das man aber auch mit erlaubten Tricks gut fährt, daran will eine ganze Flotte des Hamburger Hafens erinnern, die den Namen „Fair play" an den Bug ihrer Schlepper geschrieben hat.

FAIR PLAY

APFEL-WURST-PFANNE
(1 Person)

1 kleines Stück Fleischwurst (ca. 5 cm)
¼ Salatgurke
1 Zwiebel
1 Apfel
30 g Butterschmalz
Salz, Pfeffer
2 EL Meerrettichquark
gehackter Dill zum Bestreuen

Fleischwurst pellen und in dünne Scheiben schneiden. Gurke waschen. Zwiebel schälen. Apfel waschen, vierteln und entkernen. Alles in kleine Würfel schneiden.
Butterschmalz erhitzen. Fleischwurst darin knusprig anbraten. Aus der Pfanne nehmen. Gurke, Zwiebel und Apfel ins Bratfett geben. Unter Wenden 5 Minuten garen. Fleischwurst zurück in die Pfanne geben und mischen.
Mit Salz und Pfeffer abschmecken. Mit Meerrettichquark und gehacktem Dill servieren.

MEIN TIP

Die Wurst-Gurken-Mischung schmeckt gut auf einer Scheibe Bauernbrot.

UP'N SWUTSCH

SPAGHETTI-SPINAT-NESTER
(1 Person)

1 Zwiebel
2 Scheiben Frühstücksspeck
1 EL Öl
100 g gekochte Spaghetti
4 EL gekochter Blattspinat
2 Eier
2 EL Milch
Salz, Pfeffer
1 Tomate

Zwiebel schälen und würfeln. Speck in Streifen schneiden. Öl in einer beschichteten Pfanne erhitzen. Speck darin knusprig auslassen. Speck aus der Pfanne nehmen.
Zwiebel ins Bratfett geben und andünsten. Spinat zu kleinen Kugeln formen und in die Pfanne geben. Spaghetti darumlegen und zu einem Nest formen. Eier und Milch verquirlen. Salzen und pfeffern. Vorsichtig über die Spaghetti gießen und stocken lassen.
Tomate waschen, würfeln und zusammen mit dem Speck über die Spaghettinester streuen.

MEIN TIP
Wer möchte, streut außerdem noch etwas zerbröckelten Schafskäse oder Blauschimmelkäse (z.B. Gorgonzola) auf die Spaghettinester.

KOCHMAAT'S PFANN-TASIE

GEBRATENER REIS MIT EI
(2 Personen)

3 EL Öl
2 EL Würfelschinken
1 Zwiebel
$1^{1}/_{2}$ Tassen gekochter kalter Reis
6 EL gekochte Erbsen
1-2 EL Sojasauce
3 Eier
3 EL Milch
Pfeffer
gehackte Petersilie zum Bestreuen

Öl in einer Pfanne erhitzen. Schinken darin knusprig auslassen. Zwiebel schälen und würfeln. Reis und Zwiebel zufügen und unter Wenden anbraten. Erbsen daruntermischen und mit Sojasauce würzen. Eier mit Milch und Pfeffer verquirlen. Darübergießen und unter Rühren stocken lassen. Mit gehackter Petersilie bestreut servieren.

MEIN TIP
Statt Erbsen können Sie auch gedünsteten Blumenkohl, Brokkoli oder Porree nehmen. Zu Blumenkohl und Brokkoli passen außerdem noch einige geröstete gehackte Mandeln oder Pinienkerne sowie Sonnenblumenkerne.

GODEWIND

CABANOSSI-BROT-PFANNE
(2 Personen)

2 alte Brötchen
(oder entsprechende Menge altes Weißbrot)
Salz
2 Knoblauchzehen
1 kleines Stück Cabanossi oder Salami
3 EL Öl
2 EL gewürfelter roher Schinken
Paprikapulver
Pfeffer
2 Eier

Brötchen in dünne Scheiben schneiden. In eine Schüssel legen und mit etwa $^{1}/_{8}$ l lauwarmem Wasser übergießen, so daß sich das Brot etwas vollsaugen kann. Salzen.
Knoblauch schälen und würfeln. Cabanossi oder Salami würfeln.
2 EL Öl in einer Pfanne erhitzen. Wurst- und Schinkenwürfel, sowie Knoblauch darin anbraten. Brot etwas ausdrücken, zugeben und leicht mit Paprika und Pfeffer bestäuben. Alles 10-15 Minuten braten. Dabei das Brot mit einem Pfannenwender in kleine Stücke teilen.
Restliches Öl in einer zweiten Pfanne erhitzen und Spiegeleier braten. Mit Salz und Pfeffer würzen. Spiegeleier auf der Wurst-Brot-Masse anrichten.

BEILAGE
Dazu paßt ein gemischter Eisbergsalat oder ein Krautsalat.

KEEN TIED, KEEN TIED

ZWIEBELPFANNE
(2 Personen)

1 Gemüsezwiebel
2 EL Öl
2 EL gewürfelter durchwachsener Speck
2-3 Salzkartoffeln
1 Portion Gulasch mit Sauce
1 Gewürzgurke
Salz, Pfeffer
1-2 TL geriebener Meerrettich
gehackte Petersilie zum Bestreuen

Gemüsezwiebel schälen und grob zerkleinern.
Öl in einer Pfanne erhitzen und den Speck darin auslassen. Zwiebel zufügen und glasig braten. Salzkartoffeln würfeln und kurz im Speckfett anschmoren. Gulasch mit der Sauce zufügen und erhitzen.
Gewürzgurke würfeln und dann daruntermischen. Mit Salz, Pfeffer und Meerrettich abschmecken. Mit gehackter Petersilie bestreuen.

MEIN TIP
Für dieses Rezept eignen sich auch Bratenreste mit Sauce. Je nachdem wie groß der Bratenrest ist, entweder in Scheiben schneiden und als Scheiben in der Zwiebelsauce erhitzen oder die Bratenreste würfeln.

FRIESISCHE FINGERNUDELN

GEBRATENE PÜREEROLLEN
MIT KÄSE
(2 Personen)

1 kleines Stück Käse zum Reiben (etwa 30 g)
250 g Kartoffelpüree vom Vortag
1 kleines Ei
etwa 2 EL Mehl
Butterschmalz zum Braten
2 Tomaten
Pizzagewürz oder getrocknete Kräuter der Provence
Salz, Pfeffer
einige Oliven

Käse reiben. Kartoffelpüree mit Ei, Käse und Mehl durchkneten, so daß ein formbarer Teig entsteht. Eventuell noch etwas Mehl darunterkneten, sollte der Kartoffelteig zu weich sein.
Mit einem Eßlöffel kleine Portionen abstechen. Mit angefeuchteten Händen daraus nicht zu dünne, längliche Rollen formen.
Butterschmalz in einer beschichteten Pfanne erhitzen und die Fingernudeln darin rundherum goldgelb braten. Fingernudeln herausnehmen und kurz warm stellen.
Tomaten waschen und würfeln. Kurz im Bratfett durchschwenken. Mit Pizzagewürz, Salz und Pfeffer würzen. Oliven zufügen. Alles zusammen anrichten.

MEIN TIP
Als Käse eignet sich Parmesan, mittelalter Gouda, Edamer, Emmentaler oder Gruyère.

LEUCHTTURM-WÄRTER JOHANNSEN

BAUERNFRÜHSTÜCK
(2 Personen)

4 Pellkartoffeln vom Vortag
1 Würstchen
1 Zwiebel
2 EL Butterschmalz
Salz, Pfeffer
1 Stück Camembert (ca. 30 g)
2 Eier
2 EL Schnittlauchröllchen

Pellkartoffeln und Würstchen in Scheiben schneiden. Zwiebel schälen und würfeln.
Butterschmalz in einer Pfanne erhitzen und die Kartoffeln darin goldbraun braten. Zwiebel und Würstchen zufügen und mitbraten. Mit Salz und Pfeffer würzen.
Camembert würfeln und daruntermischen. Eier mit Salz und Pfeffer verquirlen und über die Kartoffeln gießen. Kartoffeln mit einem Pfannenwender zusammenschieben und das Ei dabei stocken lassen. Mit Schnittlauch bestreuen.

MEIN TIP
Das Bauernfrühstück kann mit Gewürzgurke, roter Bete oder Tomate garniert werden.

LEUCHTTURMWÄRTER JOHANNSEN

Die meisten kennen die Nordseeküste nur im Hochsommer. Eingefleischte Nordseefans lieben ihre Reize zu allen Jahreszeiten, bei Tag und bei Nacht. Gerade bei Nachtspaziergängen erlebt man die Geräusche, Gerüche, den Wind und den Sternenhimmel noch viel intensiver.
Und so manch ein Fremder hat sich mit „den Kühlen aus dem Norden" schon angefreundet.
Gerne denke ich an einen Silvesterspaziergang ins neue Jahr zum Leuchtturm, als Leuchtturmwärter Johannsen seine Tür öffnete und uns etwas zögerlich begrüßte. Aus einem freundlichen „Prosit Neujahr" wurde aber schnell eine herzliche kleine Feier.

IN TÜDELBÜDELS ZAMPELBÜDEL

*Tüdelbüdel ist der
norddeutsche Ausdruck
für „Spinner".
So einen traf ich mal im
Hafen mit seinem
Zampelbüdel.
Das ist ein Proviantbeutel
der Hamburger Schauerleute
und ähnelt einem
kleinen Seesack.
Laut erzählend schwenkte er
seinen Zampelbüdel hin
und her wie eine Schaukel und
belustigte damit nicht nur
seine Kumpels.
Beim Zoll angekommen,
war der „Tüdelbüdel" dran:
„Was hast du in deinem
Zampelbüdel?" „Einen Affen!"
Der Zollbeamte lachte
und antwortete: „Tüdelbüdel,
alle Mann passieren!"
In sicherer Entfernung
wollten es seine Kumpels
genau wissen:
„Was ist denn nun wirklich
im Zampelbüdel?"
Er machte die Kordel auf
und heraus lugte
ein niedlicher kleiner Affe!*

IN TÜDELBÜDELS ZAMPELBÜDEL

WÜRZIGE PÜREEROLLEN
(2 Personen)

100 g Seelachsschnitzel (aus der Dose)
250 g Kartoffelpüree vom Vortag
1 EL Mayonnaise
2 Stiele Frühlingszwiebeln
Salz, Pfeffer
etwas Mehl
1 Ei
Semmelbrösel
Butterschmalz zum Backen

Lachsschnitzel gut abtropfen lassen. Kartoffelpüree, Mayonnaise und Lachsschnitzel in eine Schüssel geben. Frühlingszwiebeln putzen, waschen und fein hacken. Zufügen und alles mischen. Mit Salz und Pfeffer würzen.
Kartoffelmasse in 4 Portionen teilen. Aus jeder Portion eine Rolle formen. Püreerollen zuerst in Mehl, dann in verquirltem Ei und zuletzt in Semmelbröseln wenden.
Butterschmalz in einer Pfanne erhitzen und die Püreerollen darin bei mittlerer Hitze rundherum knusprig goldbraun backen.

MEIN TIP
Die Krönung ist Crème fraîche. Sie können Crème fraîche beliebig mit frischen Kräutern oder Meerrettich verfeinern.

SHANGHAIT AUF DER REEPERBAHN

CHINESISCHES BAUERNFRÜHSTÜCK
(2 Personen)

½ kleiner Weißkohl
2 Zwiebeln
1 Knoblauchzehe
2 EL Öl
100 g frische Sojabohnenkeime
knapp 1 Tasse gekochter Reis
2 Eier
Salz, Pfeffer

Weißkohl putzen, in sehr feine Streifen schneiden und waschen. Abtropfen lassen. Zwiebeln und Knoblauch schälen und würfeln.
Öl in einer tiefen Pfanne erhitzen. Weißkohl, Zwiebeln und Knoblauch darin 10 Minuten unter gelegentlichem Wenden dünsten. Sojabohnenkeime und Reis zufügen und erhitzen.
Eier mit Salz und Pfeffer verquirlen. Über den Kohl gießen und leicht vermengen. Sofort servieren.

MEIN TIP
Statt der Sojabohnenkeime können Sie auch feingeschnittene Paprika und Möhren mitdünsten.

SHANGHAIT AUF DER REEPERBAHN

*Andere Länder, andere Sitten!
In Shanghai wurde die Crew eines Schiffes wieder vervollständigt, indem Spezialtrupps kräftige Männer mit Brachialgewalt auf die Dampfer schleppten.
Sie wurden shanghait.
Im „gesitteten Europa" entwickelte man eine etwas feinere Methode.
Der Kandidat wurde in eine Hafenkneipe eingeladen und dort abgebuddelt, also tüchtig betrunken gemacht.
Wenn er aus seinem Rausch erwachte, befand er sich auf einem sogenannten Seelenverkäufer.
Daran, daß er einen Vertrag unterschrieben hatte, konnte er sich natürlich nicht mehr erinnern.
Und ab ging's auf große Fahrt.*

IN DER HÄNGEMATTE AUF DER ALTEN FREGATTE

FLEISCHPUFFER
(2 Personen)

1 Zwiebel
1 Knoblauchzehe
2 EL Öl
200 g gemischtes Hackfleisch
3 Eier
1 EL Mehl
Salz, Pfeffer
Edelsüß-Paprikapulver
2 Portionen gedünstetes Gemüse (z.B. Kohlrabi, Erbsen/Möhren, Blumenkohl)
1 Schuß Schlagsahne
reichlich frisch gehackte Kräuter

Zwiebel und Knoblauch schälen und würfeln. 1 EL Öl in einer Pfanne erhitzen. Hack zufügen und unter Rühren krümelig braten. Fleisch in einer Schüssel abkühlen lassen.
Eier und Mehl unter das Hack mischen. Mit Salz, Pfeffer und Paprika würzen.
Restliches Öl in einer beschichteten Pfanne erhitzen. Die Hälfte des Fleischteiges hineingeben und glattstreichen. Bei mittlerer Hitze von beiden Seiten zu einem knusprigen Fleischpuffer braten. Zweiten Puffer ebenso zubereiten.
Gemüse mit Sahne erhitzen und mit frischen Kräutern mischen. Auf die Fleischpuffer geben.

BEILAGE
Meterbrot und ein frischer Salat.

SEILMOKERS RESTEPFANNE

CHILIBOHNENPFANNE
(2 Personen)

4 gekochte Kartoffelklöße
(vom Vortag)
1 Zwiebel
125 g Schweinebratenreste
oder 2 Scheiben Schweinebraten
40 g Butterschmalz
1 Dose Chilibohnen
Salz, Pfeffer
1 EL gehackte Petersilie

Kartoffelklöße in 1 cm dicke Scheiben schneiden. Zwiebel schälen und würfeln. Schweinebraten in Streifen schneiden.
30 g Butterschmalz in einer Pfanne erhitzen. Kloßscheiben darin knusprig braun braten. Zwiebel dabei mitbraten. Kloßscheiben aus der Pfanne nehmen.
Restliches Butterschmalz ins Bratfett geben. Schweinebraten und Bohnen darin erwärmen. Mit Salz und Pfeffer abschmecken. Bohnen auf die Kloßscheiben geben und mit Petersilie bestreuen.

MEIN TIP
Die Bohnen können Sie beliebig mit Mais, Paprika und Tomaten zubereiten. Wer möchte, kocht dazu schnell noch eine Zwiebel- oder Pilzsauce aus der Tüte.

CHEERIO! FAREWELL!

CHICOREEPFANNE
MIT SPIEGELEI
(2 Personen)

2 Chicoree
2 EL Butter
Salz, Pfeffer
1 Prise Zucker
1 Spritzer Zitronensaft
2 Scheiben Aufschnitt
(Reste von Kasseler, gekochtem Schinken oder Räucherschinken)
2-3 EL gekochte Erbsen
2 Eier
1 EL Schnittlauchröllchen

Chicoree putzen, bitteren Kern herausschneiden. Chicoree in schmale Ringe schneiden. Butter in einer beschichteten Pfanne erhitzen. Chicoree darin kurz andünsten. Mit Salz, Pfeffer, Zucker und Zitronensaft würzen. Zugedeckt ca. 5 Minuten dünsten.
Aufschnitt würfeln. Zusammen mit den Erbsen unter den Chicoree mischen. Hitze reduzieren. Zwei Vertiefungen in das Gemüse drücken und je ein Ei hineinschlagen. Bei geringer Hitze stocken lassen. Mit Schnittlauch bestreuen.

MEIN TIP
Zur sättigenden Mahlzeit wird die Chicoreepfanne, wenn Sie noch kleingewürfelte, gekochte Kartoffeln zugeben.

CHEERIO! FAREWELL!

Jedem wird etwas wehmütig ums Herz, wenn es heißt, Abschied zu nehmen. Und das ist in aller Herren Länder so. „Sag beim Abschied leise Servus", sang man in Wien, auf italienisch klingt es „Ciao, Ciao Bambina". Unvergessen ist das Lied von Hans Albers „Good bye, Johnny". In der Seefahrerstadt Hamburg heißt's ganz international „Cheerio! Farewell!" oder ganz einfach „Tschüs"!

7

HIMMLISCHE DESSERTS

Süße Fracht für seute Leut

Überraschend gut und fast vergessen: Goldbraune Förtchen werden wie eh und je in der Pfanne gebacken und locken mit ihrem Duft alle Süßschnäbel an. Blättern Sie um und lassen Sie sich weiter von zarten Crêpes, gefüllten Palatschinken und saftigem Quarkschmarren verführen.

SIND DENN NIE BALD DE FUTTJENS GAAR?

FÖRTCHEN (FUTTJEN)
(4 Personen)

500 g Mehl
1 gestrichener TL Salz
3/8 l Milch
25 g Hefe
50 g Zucker
5 Eier
100 g Butterschmalz
200-250 g Pflaumenmus
Puderzucker zum Bestäuben

Mehl und Salz mischen. In die Mitte eine Vertiefung drücken. Milch lauwarm erhitzen. Hefe hineinbröckeln und mit einem Teelöffel Zucker verrühren. Hefemilch zum Mehl gießen und mit etwas Mehl zu einem Vorteig verrühren. Zugedeckt an einem warmen Ort 15-20 Minuten gehen lassen.
Restlichen Zucker und Eier zufügen und mit den Knethaken des Handrührgerätes zu einem glatten Teig verarbeiten. Den Teig mit einem Rührlöffel schlagen, bis er Blasen wirft. Weitere 20-30 Minuten gehen lassen.
In jede Vertiefung der Förtchenpfanne einen Teelöffel Butterschmalz geben und bei mäßiger Hitze erhitzen. Die Vertiefung zur Hälfte mit Teig füllen. Wenn der Teig leicht gebräunt ist, in die Mitte der Förtchen jeweils einen Teelöffel Pflaumenmus geben, die Förtchen wenden und von der anderen Seite bräunen. Backzeit etwa 6-8 Minuten. Förtchen mit Puderzucker bestäuben.

MEIN TIP
Manchmal wünscht sich meine Familie Überraschungs-Förtchen. Dann fülle ich sie mit verschiedenen Marmeladen, z. B. Aprikose, Ananas, Kirsche, Erdbeer.

SIND DENN NIE BALD DE FUTTJENS GAAR?
Futtjens oder Förtchen sind Hefeteigbällchen, die in einer speziellen Pfanne gebacken werden. Besonders in der kalten Jahreszeit und zum Jahreswechsel wurde die Förtchenpfanne hervorgeholt. Schon Theodor Storm wünschte sich als Kind sehnsüchtig die Förtchenzeit herbei:
„Dat ohle Jahr, dat niee Jahr,
sind denn nie bald die Futtjens gaar?
Krie ick een, so blief ick stahn,
krie ick twee, so will ick gahn,
krie ick dree, so wünsch ick Glück,
dat de Köksch mit de Futtjens
to de Schosten rut flüggt."

GOLDEN NUGGETS

GEBRATENE ORANGENSCHEIBEN
(4 Personen)

100 g Zwieback
4 Orangen
80 g Butter
1 Päckchen Vanillinzucker
1 Prise Zimt

Zwieback auf ein Geschirrtuch geben. Tuch zusammenschlagen und mit dem Nudelholz den Zwieback fein zerdrücken.
Orangen wie einen Apfel schälen, dabei die weiße Haut entfernen. Orangen quer in dicke Scheiben schneiden. Kerne entfernen.
Orangen in den Zwiebackbröseln wenden. In einer großen Pfanne Butter erhitzen und die Orangenscheiben darin goldbraun braten. Vanillinzucker mit Zimt mischen und über die Orangenscheiben streuen.

MEIN TIP
Wenn es schnell gehen soll, reiche ich dazu geschlagene Sahne, die ich mit etwas abgeriebener Orangenschale (unbehandelt) verfeinere. Oder Sie bereiten eine feine Vanillesauce zu: Milch mit einer aufgeschnittenen Vanilleschote langsam zum Kochen bringen. Topf von der Kochstelle nehmen und die Schote darin etwa 15 Minuten ziehen lassen. Schote entfernen. Sauce wie gewohnt mit Saucenpulver zubereiten.

GOLDEN NUGGETS
Das zweite Musical, in dem ich im Hamburger „Ernst-Deutsch-Theater" spielte, hieß „Prärie Saloon" und war ebenfalls von Lotar Olias (Autor aller großen Freddy-Evergreens), wie mein Debüt „Heimweh nach St. Pauli". In dem Musical geht es immer wieder um den Goldrausch im Wilden Westen. Die „Golden Nuggets", also die geschürften Goldkörner, mit denen wir im Stück um uns warfen, waren leider nur Attrappen. Meine „Golden Nuggets" sind, so meine ich, „echte" Köstlichkeiten, und Sie sollten sie unbedingt einmal ausprobieren.

KORALLEN IM MEER

SCHMARREN MIT
FRÜCHTEN DER SAISON
(4 Personen)

4 EL Rosinen
2 EL Rum
2 Packungen (à 250 g) Speisequark
(20% Fett i. Tr.)
200 g Zucker
1 Prise Salz
4 Eier
abgeriebene Schale von 1 Zitrone
(unbehandelt)
1 EL Zitronensaft
150 g Mehl
50 g Butter zum Backen
1 TL Zimt

Am besten die Rosinen am Vortag in Rum einweichen.
Quark mit Zucker (bis auf einen gehäuften Eßlöffel), Salz, Eiern, Zitronenschale und -saft verrühren. Mehl darübersieben und darunterrühren. Zum Schluß die getränkten Rosinen daruntermischen.
30 g Butter in einer beschichteten Pfanne erhitzen, den Teig hineingeben und von beiden Seiten goldbraun backen. Den Pfannkuchen mit zwei Löffeln in Stücke reißen. Restliche Butter zufügen und den Schmarren noch einige Minuten unter Wenden weiterbacken.
Restlichen Zucker und Zimt mischen und darüberstreuen.
Dazu Früchte der Saison reichen.

Meine fruchtigen Favoriten:
Im Frühling: Rhabarber- und Stachelbeerkompott, Erdbeeren
Im Sommer: Heidelbeeren, Johannisbeeren
Im Herbst: Äpfel, Birnen und Zwetschgen (Kompott), Weintrauben
Im Winter: Backobstkompott, frische Ananas

BIIKEBRENNEN

FLAMBIERTE KIRSCHEN
(4 Personen)

1 Glas (370 g) Sauerkirschen
(ohne Stein)
1 Messerspitze Zimt
2 EL Zucker
150 g rotes Johannisbeergelee
nach Belieben etwas Zitronensaft
1 Packung (500 ml) Vanilleeis
3 EL Kirschwasser

Kirschen auf einem Sieb abtropfen lassen, dabei den Saft auffangen und 150 ml davon abmessen.
Kirschsaft, Zimt, Zucker und Johannisbeergelee in einer Kupferpfanne vermischen. Aufkochen und 5 Minuten leicht köcheln lassen. Abgetropfte Kirschen zufügen und erhitzen.
Den Sirup nach Belieben mit Zitronensaft abschmecken.
Vanilleeis in Kugeln portionieren und auf Teller geben.
Kirschwasser in eine Metallkelle gießen und über einem Rechaud anwärmen. Anzünden und brennend über die Kirschen gießen. Die Kirschen noch brennend mit dem Vanilleeis servieren.

MEIN TIP

Zum Flambieren brauchen Sie hochprozentige Spirituosen, damit sich der Alkohol auch entzündet. Der Alkoholgehalt sollte mindestens 43 Vol.% sein. Vor dem Anzünden in einer Kelle erwärmen, dann brennt der Alkohol leichter.

BIIKEBRENNEN

Das ist ein alter nordfriesischer Brauch, der noch heute traditionell am 21. Februar gepflegt wird, wenn die Reisigfeuer auf den Deichen von St. Peter-Ording bis hoch nach Sylt brennen. Das friesische Wort Biike heißt soviel wie Stroh- oder Reisighaufen.
Nicht ganz geklärt ist der Ursprung des Biikebrennens. Während die einen es für einen alten Fastnachtbrauch halten, erzählen andere, es seien Signalfeuer für die abfahrenden oder heimkommenden Walfischfänger. Traditionell gibt's bei uns flambierte Kirschen nach einem Grünkohlessen – und ich kann Ihnen versichern, darauf sind alle heiß.

MEERSCHAUM-KRONE

SCHNELLE APFEL-SCHICHTSPEISE
(4 Personen)

2 EL Butter
2 EL Zucker
4 Tassen zerriebener Pumpernickel, etwa 8 Scheiben
4 Tassen dickes Apfelmus
2 EL Himbeermarmelade
1 Becher (200 g) Schlagsahne

Butter in einer Pfanne erhitzen. Zucker und Pumpernickelbrösel zufügen und unter ständigem Rühren sehr knusprig braten. Auf eine Platte zum Auskühlen ausbreiten.
In ein hohes Glas oder eine Glasschale eine Schicht Pumpernickelbrösel geben, darauf etwas Apfelmus verteilen und Brösel daraufstreuen. Eine dünne Schicht Himbeermarmelade auf den Bröseln verteilen. So fortfahren, bis alle Zutaten aufgebraucht sind. Die letzte Schicht sollten Brösel sein. Im Kühlschrank gut durchkühlen lassen.
Vor dem Servieren Sahne steif schlagen und auf die Schichtspeise geben.

MEIN TIP

Die Schichtspeise ist ein ideales Dessert für ein Buffet, da sie dekorativ ist und sich gut vorbereiten läßt. Je nach Personenzahl doppelte oder dreifache Menge nehmen. Die Schichtspeise bis auf die Sahne am Vortag zubereiten und kühl stellen. Erst kurz vor dem Servieren die geschlagene Sahne daraufgeben. Nach Belieben noch mit Tupfen von Himbeermarmelade garnieren.

SEUTE SNABBELSNUUT

CRÊPES MIT EIS
UND HEISSER SCHOKOLADE
(4 Personen)

40 g Mehl
1/4 l Milch
1 Prise Salz
1 Prise Zucker
2 Eier
Butter oder Butterschmalz zum Backen
1/8 l Schlagsahne
1 Tafel (100 g) Mokka-Sahne-Schokolade
1 Packung (500 ml) Vanille- oder Walnußeis

Mehl mit Milch, Salz, Zucker und Eiern verrühren und 30 Minuten ausquellen lassen.
Crêpes-Pfanne erhitzen und eine Messerspitze Fett hineingeben. Eine hauchdünne Schicht Teig hineingießen, gleichmäßig verteilen und die Crêpe von beiden Seiten hellgelb backen. Nacheinander 10-12 Crêpes backen, dabei die Pfanne immer wieder leicht einfetten. Crêpes zugedeckt warm stellen.
In einem Topf Sahne erwärmen und Schokolade hineinbröckeln Unter ständigem Rühren schmelzen lassen.
Crêpes mit je einem Löffel Eiskrem füllen und aufrollen. Auf vorgewärmte Teller legen und mit der heißen Schokoladensauce übergießen und servieren!

MEIN TIP

Damit die Crêpes alle schön gleichmäßig dünn werden, zum Einfüllen des Teiges eine kleine Saucenkelle nehmen.

SEUTE SNABBELSNUUT

ist ein norddeutscher Kosename, der sich einfach nicht übersetzen läßt oder auf jeden Fall viel von seinem Charme verlieren würde. So gibt es viele plattdeutsche Ausdrücke, die sich wohl aus diesem Grunde auch in der hochdeutschen Sprache hartnäckig halten. Versuchen Sie zum Beispiel mal, das liebevolle „Schietbüttel" zu übersetzen! „Seute Snabbelsnuut" heißt jedenfalls soviel wie süßes Zuckerschnäuzchen, für das ich meine Crêpes mit Eis und heißer Schokolade kreiert habe.

FATA MORGANA
Lange vor der Wende befand ich mich auf einer Tournee durch Polen. Erstaunt war ich, daß sich die Speisekarten trotz der schlechten Lebensmittel-versorgung doch noch ganz passabel lasen. Egal aber, was ich bestellte, auf meinem Teller landete immer wieder Hacksteak mit grünen Bohnen. Gegen Ende der Tournee hatten alle Traumvisionen von Gerichten, die es sofort nach der Heimkehr geben sollte. Meine Fata Morgana waren traumhaft süße Crêpes mit frischen Beeren und einem Klecks Crème fraîche.

FATA MORGANA

CRÊPES MIT
PISTAZIEN-CRÈME FRAÎCHE
(4 Personen)

40 g Mehl
1/8 l Milch
1 Ei
1 Prise Salz
4 EL Himbeergeist
1 Becher (125 g) Crème fraîche
500 g Beerenobst (Himbeeren, Johannisbeeren und Brombeeren)
150 g rotes Johannisbeergelee
etwas Butterschmalz zum Backen
30 g Pistazienkerne

Mehl mit Milch, Ei, Salz und 2 EL Himbeergeist verrühren. Pfannkuchenteig 30 Minuten ausquellen lassen.
Crème fraîche mit restlichem Himbeergeist verrühren.
Beeren verlesen, putzen und vorsichtig abspülen. Abtropfen lassen. Einige Beeren zum Garnieren beiseite legen. Johannisbeergelee mit der Beerenmischung verrühren.
Eine Crêpes-Pfanne dünn mit Butterschmalz auspinseln und nacheinander dünne Crêpes backen.
Crêpes mit Früchten und Crème fraîche füllen und zusammenklappen. Pistazien hacken und darüberstreuen. Mit zurückbehaltenen Beeren garnieren.

MEIN TIP
Besonders hübsch zum Garnieren sind gezuckerte Johannisbeerrispen. Dazu die Beeren zuerst durch leicht verschlagenes Eiweiß ziehen und dann in Zucker wälzen.

DÜT UN DAT

PALATSCHINKEN MIT QUARK
UND OBST
(4 Personen)

250 g Mehl
1 Prise Salz
1/4 l Milch
3 Eier
Butter zum Backen
1/2 Becher (125 g) Sahnequark
1 kleine Dose (240 ml) Aprikosen
8 EL Kirschmarmelade
2 TL Rum
Puderzucker zum Bestäuben

Mehl und Salz in eine Schüssel geben. Milch und Eier darunterrühren. Den Teig 30 Minuten ausquellen lassen.
Etwas Butter in einer flachen Pfanne erhitzen und eine Kelle Teig hineingeben. Pfannkuchen von beiden Seiten goldbraun backen. Weitere 7 Pfannkuchen backen und warm stellen.
Quark mit etwas Aprikosensaft aus der Dose verrühren. Aprikosen klein würfeln und unter den Quark rühren. Marmelade mit Rum verrühren.
Auf vier Pfannkuchen Aprikosenquark verteilen, die übrigen mit Marmelade bestreichen. Pfannkuchen aufrollen und mit Puderzucker bestäuben.

MEIN TIP
Im Frühjahr fülle ich die Hälfte der Pfannkuchen gerne mit Rhabarberkompott statt mit Marmelade. Das Rhabarberkompott darf allerdings nicht zu flüssig sein.

SCHAUERMANNS-SCHMARREN

Was hat ein Hamburger Schauermann mit einem österreichischen Schmarren gemein? Auf den ersten Blick scheint's, als wollten sie nicht zusammen passen. Aber wer die Leute vom Hamburger Hafen kennt, weiß, daß sie offen sind „für die Sprachen, die Genüsse und für die Bedürfnisse aller Völker", wie es in einem alten Buch heißt. Fest steht, Liebe geht durch den Magen. Ein gutes Essen ist und bleibt ein „grenzenloses" Vergnügen. Deshalb hier mein kulinarischer Ausflug nach Österreich.

SCHAUERMANNS-SCHMARREN

QUARKSCHMARREN MIT FRISCHEN ERDBEEREN
(4 Personen)

500 g Erdbeeren
4 EL schwarzer Johannisbeerlikör
50 g Mandelblättchen
3 Eier
$^{1}/_{8}$ l Schlagsahne
50 g Mehl
30 g Zucker
70 g Speisequark (20% Fett i. Tr.)
50 g Butter
Puderzucker zum Bestäuben

Erdbeeren waschen, putzen und vierteln. Mit Johannisbeerlikör mischen und durchziehen lassen.
Mandelblättchen in einer Pfanne ohne Fett rösten.
Eier trennen. Eigelb mit Sahne verquirlen und unter das Mehl rühren. Zucker, Quark und 30 g Mandelblättchen darunterziehen. Eiweiß steif schlagen und unter den Teig heben.
30 g Butter in einer Pfanne erhitzen und den Teig hineingeben. Von beiden Seiten goldbraun backen. Pfannkuchen mit zwei Löffeln in Stücke reißen. Restliche Butter zufügen und unter Wenden noch 1-2 Minuten weiterbacken. Restliche Mandeln darüberstreuen.
Quarkschmarren zusammen mit Erdbeeren anrichten und mit Puderzucker bestäuben.

MEIN TIP

Wer's ganz süß mag, gibt noch eine Handvoll Rosinen an den Teig. Vorher mit kochendem Wasser übergießen und aufquellen lassen.

ROTE LATERNE VON ST. PAULI

SCHAUMOMELETT MIT HIMBEEREN
(2 Personen)

3 Eier
3 EL Schlagsahne
75 g Zucker
1 Päckchen Vanillinzucker
1 Prise Salz
45 g Mehl
30 g Butter zum Backen
300 g Himbeeren
1 EL Puderzucker

Eier trennen. Eigelb mit Sahne, Zucker, Vanillinzucker und Salz schaumig rühren. Eiweiß steif schlagen und auf die Eigelbcreme geben. Mehl darübersieben. Alles mit einem Schneebesen vorsichtig mischen.
Die Hälfte der Butter in einer Pfanne erhitzen. Die Hälfte der Omelettmasse hineingeben und den Deckel auflegen. Bei geringer Hitze 8 Minuten stocken lassen. Omelett auf eine vorgewärmte Platte gleiten lassen und warm stellen. Zweites Omelett ebenso backen.
Omeletts halb übereinanderklappen und die Himbeeren daraufgeben. Dick mit Puderzucker bestäuben.

MEIN TIP

Tiefgefrorene Himbeeren mit einem Schuß Orangenlikör auftauen lassen.

REZEPT-REGISTER

A

B

C

D

E

F